Irmtraud Tarr

Sehen und gesehen werden

HERDER spektrum

Band 5578

Das Buch

Nicht übersehen zu werden ist ein Grundbedürfnis. Beachtung – die Glücksformel im Zusammenleben: Sie macht uns zu dem, was wir sind. Sie ist machtvoller als Geld, Macht oder Herkunft. Wie schafft man es, Aufmerksamkeit anderer auf sich zu lenken? Wir wirkt die Beachtung, die man anderen schenkt, wieder auf einen selbst zurück? Wie verhält man sich richtig, wenn man auffallen will? Wie lässt sich Charme lernen? Wo liegen Fallstricke, über die man stolpern kann? Eine gesunde, gut gelaunte Art, sich Beachtung und Anerkennung zu verschaffen. Sehen und gesehen werden, wie das gelingt: Das zeigt Irmtraud Tarr an vielen Beispielen.

Die Autorin

Irmtraud Tarr, Dr. phil., Psychotherapeutin und Musiktherapeutin in eigener Praxis in Rheinfelden; Konzertorganistin. Autorin mehrerer Bücher, u. a.: Schutzengel. Boten aus dem Raum der Seele; Mit beiden Beinen fest in den Wolken. Liebeserklärung an meinen behinderten Bruder; Loslassen – die Kunst, die vieles leichter macht; So zähmen Sie ein Stachelschwein. Vom Umgang mit schwierigen Menschen.

Irmtraud Tarr

Sehen und gesehen werden

Wie man Beachtung und Anerkennung findet

HERDER

FREIBURG · BASEL · WIEN

Gedruckt auf umweltfreundlichem,
chlorfrei gebleichtem Papier

vollständig neubearbeitete Ausgabe des Titels:
Die magische Kraft der Beachtung
www.herder.de
Herstellung: fgb · freiburger graphische betriebe 2005
www.fgb.de
Umschlaggestaltung und Konzeption:
R·M·E München / Roland Eschlbeck, Liana Tuchel
ISBN 3-451-05578-3

Inhalt

Vorwort

Ist Ihnen schon einmal aufgefallen, wie manche sich in Pose werfen, wenn sie wissen, dass sie gesehen werden; wie andere zum Handy greifen, um zu demonstrieren, wie gefragt sie sind? Möchtegern-Sportler kaufen sich die teuerste Sportausrüstung, andere geben sich modisch gestylt oder erwähnen so nebenbei, wie gut sie mit Promi X oder Doktor Y auskommen. Und dann gibt es diejenigen, die ungefragt Intimitäten preisgeben oder ständig Applaus brauchen. Imagepflege? Selbstüberschätzung? Angeberei? Eitelkeit? Wichtigtuerei?

Wenn Menschen an etwas gelegen ist, dann ist es der Wunsch beachtet zu werden. In den Augen der anderen – selbst derer, die uns fremd oder gleichgültig sind – wollen wir kenntlich werden und gut dastehen. Und dafür investieren Menschen unendlich viel Energie, Zeit und Geld. Wer man ist, weiß man nicht durch sich selbst. Man muss sich zeigen dürfen und braucht das Licht des Gesehen-Werdens. Wem die Beachtung versagt wird, wer übersehen oder verkannt wird, dem verbietet man zu sein. Manche trösten sich mit der Zukunft, die ihnen Gerechtigkeit widerfahren lässt, andere ziehen sich zurück oder verfallen in übertriebenes Eindrucksmanagement, wofür fast jedes Mittel recht ist. Der bekannte Slogan verrät es: „Allein ist man klein."

Zu Beginn des Lebens, beim wechselseitigen Sich-Anschauen und Sich-Erkennen im Austausch von Mutter und Kind, wird offenbar, dass Leben Sehen und Gesehen-Werden ist. Schon das Kind stellt die bange Frage: Habe ich das gut gemacht? Und all das, was wir als schöpferische Leistung achten, das Gedicht, das Klavierkonzert, das Fußballspiel – was wäre all das ohne Beachtung? Kurzum: Beachtung ist die Basis für ein stimmiges, persönlich bedeutsames und einfühlsames Miteinander – ein Leben lang.

Beachtung gehört zu den grundlegenden Erfahrungen des Menschen. Sie ist nicht nur die reichste menschliche Energiequelle, sie ist ein Grundbedürfnis, das für das menschliche Leben genauso wichtig ist wie Essen, Trinken, Ruhe und Wärme. Sie ist das fundamentale Bedürfnis, das allen anderen menschlichen Bedürfnissen zugrunde liegt. Egal wie reich, begabt, intelligent, bekannt, berühmt jemand ist – jeder braucht Beachtung. Stellen Sie sich vor, einen Tag ohne jegliche Beachtung zu verbringen, die Sie empfangen oder verschenken. Wie würden Sie sich nach solch einem Tag fühlen? Oder stellen Sie sich eine Gesellschaft vor, die keinen Wert auf Beachtung legt. Eltern, die den Tränen und Freuden ihrer Kinder keine Aufmerksamkeit schenken, Freunde, die einander keine Anerkennung geben, Lehrer, die ihre Schüler und Studenten ignorieren, Trauernde, denen keiner mehr kondoliert, Hamlet an der Rampe ohne Beifall. Niemand mehr, der zuhört oder hinschaut, niemand mehr, der sagt: „Ich sehe dich“, „Gute Besserung“, „Gut gemacht“, „Ich verstehe dich“.

Durch Beachtung wird man ein Zugehöriger, ein Jemand, ein unverwechselbarer, nicht austauschbarer Teil einer Kultur oder Gemeinschaft. Beachtungsvermittler sind wir füreinander. Wir kommen nur über kurze Strecken damit aus, nur unserer eigenen Anerkennung gewiss zu sein, deswegen sind wir auf die Beachtung von außen angewiesen. Man könnte sogar sagen, alles, was Menschen miteinander und füreinander tun, dient der wechselseitigen Beachtung – eine Ressource, deren Wert mit ihrer Knappheit zusammengeht oder steigt. Die Zeit ist knapp und die Konkurrenz ist groß im Rennen um diese kostbare Ressource. Und was knapp ist, zeichnet aus, und das wollen schließlich alle. Deswegen gleicht unsere Welt mit ihren Medien und ihrer Informationsfülle einer Arena, in der es darum geht, Beachtung zu bekommen.

Der Umgang mit Beachtung bedarf, wie jedes andere Grundbedürfnis, der bewussten Pflege und Einübung. Menschen, die wissen, wie viel Beachtung sie brauchen, die verstehen, wie man Beachtung einlädt und schenkt, sind nicht verführbar durch zufällige Beachtungsquellen und sind in ihrem Tun nicht beeinträchtigt durch ihren unbewussten Beachtungshunger. Viele

Menschen, mit denen ich über dieses Grundbedürfnis sprach, hatten es zwar mehr oder weniger reichlich erfahren und erlebt, die meisten hatten sich aber bisher kaum Gedanken darüber gemacht, was Beachtung eigentlich ist und wie sie unseren sozialen Tanz mitbestimmt. Für Menschen, die erzieherisch, kommunikativ oder therapeutisch mit anderen Menschen umgehen, dürften diese Erfahrungen selbstverständlich sein, gehören sie doch zum „täglichen Brot" mitmenschlichen Umgangs. Doch auch hinter vielen unserer sozialen, kommerziellen oder informellen Interaktionen und Sachzwängen verbergen sich häufig Motivationen, die dem Wunsch nach Beachtung entspringen. Selbst das größte Glück, die größte Tat, das schönste Erlebnis – bleiben sie im Dunkel des stillen Kämmerleins, verpuffen sie nur allzu rasch, wenn da nicht Anerkennung, Applaus oder Kritik von außen zu Hilfe kommt.

Wichtiger als die Forderung nach Bescheidenheit, Verleugnung oder Genügsamkeit scheint daher die Frage nach einem bewussten Umgang mit Beachtung zu sein. Nicht nur der Mangel, auch ein Zuviel an Beachtung kann schaden. Es gilt, die Balance und das rechte Maß zu finden. Dafür sollte man sich bewusst machen und hinterfragen, wie man Beachtung einlädt, schenkt und austauscht.

Wie würde unsere Welt aussehen, wenn wir uns selbst und einander mehr wohlwollende Anteilnahme und Beachtung schenken würden? Vielleicht wird man dadurch kein besserer Mensch, aber man tut etwas für den anderen und für sich selbst, weil man verstanden hat, dass das Zusammenleben von der Sorge um das Herz, das man für sich und andere hat, abhängt.

Beachtung: allgegenwärtig

Unvergesslich ist mir der Morgen vor Fastnacht geblieben. Ich stand in einer Bäckerei, als plötzlich ein kleiner Junge im Clownkostüm hereinstürmte. In Sekundenschnelle war der ganze Raum wie verwandelt. Wir starrten alle auf diesen kleinen Bengel, der mit unschuldigem Augenzwinkern und unwiderstehlichem Charme sein „Helau“ versprühte. Das „Morgenmuffeln“ und die Einkaufshektik waren wie weggeblasen. Es blieb uns nichts anderes übrig, wir mussten einfach auftauen und lachen. Dieser Knirps verzauberte uns ohne große Worte. Er verstand es, einen ganzen Laden hemmungslos für sich einzunehmen und sogar noch mit einem saftigen „Berliner“ dafür belohnt zu werden.

Diesem Jungen war etwas geglückt, wovon wir alle träumen, was wir uns alle wünschen: Beachtung. Kinder können regelrechte Meister im Einheimsen von Beachtung sein, weil sie noch unbefangener, spontaner und nicht so gezielt strategisch vorgehen.

Erwachsene haben es da schwerer, weil viele darauf bedacht sind, dieses Bedürfnis zu verschleiern, oder weil sie ihr Licht unter den Scheffel stellen. Sie sind unsicher und wissen nicht, was sie tun können, um sich positive Beachtung zu verschaffen. Eine typische Szene aus dem städtischen Alltag: Da gibt es einen Stehempfang anlässlich einer Ausstellungseröffnung. Elegante, meist grau, beige oder schwarz gekleidete Gäste versammeln sich. Plötzlich heften sich alle Blicke auf den einen: Da steht er in seinen weißen Jeans und dem farbenfrohen mexikanischen Hemd mit einem entwaffnenden Lächeln und einem Sektglas in der Hand. Auch er hat Beachtung erhalten, nur war das weder ein Glückstreffer noch ein Zufallsprodukt, sondern das beinahe logische Ergebnis gezielter Selbstinszenierung mit Phantasie und einer Prise Witz oder Anarchismus. Für einen Moment war er herausgehoben aus der Menge der Leute. Er hat sich gezeigt und eine bestimmte Botschaft kommuniziert: „Ich will gesehen werden." Und dafür hat er einen Beachtungssieg gegen die sämtliche grau-schwarze Konkurrenz und Prominenz davongetragen.

Wichtiger als Geld

„Für mich wäre es ein Albtraum, in einer Gegend zu leben, wo mich niemand kennt und grüßt und wo keiner irgendwie Notiz von mir nimmt. Auf mein Geld und meine Wohnung könnte ich verzichten, aber nicht auf die Menschen. Ich würde mich fühlen wie ein Nichts. Es würde für mich keinen Sinn machen, zu leben." Diese Aussage eines Bankfachmanns beweist: Beachtung ist machtvoller als Geld, Macht und Herkunft. Sie bestätigt uns in unserem Dasein und ist die wirkungsvollste aller irdischen Belohnungen. Geld ist out. Beachtung ist in – so könnte man plakativ die Beobachtungen des kalifornischen Publizisten Michael Goldhaber zuspitzen. Nach seinem Modell der Ökonomie der Aufmerksamkeit tritt das Geld immer mehr zurück hinter dem Streben nach Beachtung. Selbst Geld wird letztlich dazu benutzt, um den Status zu verbessern und zu erhöhen, um sich Güter anzueignen, die einem erlauben, Beachtung in den Augen anderer zu gewinnen. Beachtung ist also ein Gut, das dem Wert des Geldes den Rang abgelaufen hat.

Was in den 68er Jahren von den Wortführern noch als „privatistische Scheiße" drastisch angeprangert wurde, ist zum Mittelpunkt des Öffentlichen geworden und auflage- und quotenträchtig. Wirft man einen Blick auf die Zeitungen und in die Fernsehprogramme, so stellt man fest, dass Politiker sich immer häufiger als Privatleute darstellen. Nicht mehr Sachkompetenz und Argumente, sondern die Zurschaustellung des „Menschlichen" und die selbstinszenierte private Offenbarung sind eher die Regel als die Ausnahme. Je härter im Showgeschäft um Beachtung und Einschaltquoten gekämpft wird, desto mehr zählen Äußerlichkeiten, Selbstdarstellung und Selbststilisierung. Kein Wunder, dass vor allem die Selbstdarsteller und Wortgewaltigen Unterhaltungswert liefern, jene eben, die gelernt haben, dass es nicht darauf ankommt, was, sondern vor allem wie etwas gesagt wird.

Die Clinton-Lewinsky-Affäre ist ein Beispiel dafür, wie man die heraufbeschworenen Geister des Privaten politisch nicht mehr loswurde. Das gilt auch für Personen, die als Grenzgänger zwischen Funktion und Prominenz fungieren, wie beispielsweise „Lady Di". Anlässlich eines Autounfalls, der über mehrere Wochen hinweg das ganze Weltgeschehen in den Hintergrund rückte, mag uns der Siegeszug des Privaten im Öffentlichen eindrücklich bewusst geworden sein.

Beachtung ist heute eine Ressource, die sich, wie das Geld in der Ökonomie, auch bezahlt macht. Wer einschlägig bekannt ist, bekommt attraktive Angebote, lukrative Aufträge und interessante Aufgaben. Heute heißt es nicht mehr „Haste was, biste was", sondern „Wirste beachtet, biste wer".

Die „unwiderstehlichste aller Drogen" sei die Aufmerksamkeit der anderen, sagt der Professor für Architektur und Raumplanung Georg Franck. In der Tat, was beflügelt mehr als die wohlwollende Zuwendung anderer, was wärmt mehr als ihre einfühlsame Anteilnahme? Was schmeichelt mehr als die öffentliche Reputation? Gibt es Menschen, die keine Beachtung brauchen? Kaum. Ich habe jedenfalls noch niemanden getroffen. Beachtung ist ein Bestandteil unserer Existenz. „Ich werde beachtet, also bin ich", und umgekehrt: „Ich beachte andere, also erhalte ich mich."

Beachtung ist nicht nur die Angelegenheit eitler, bedürftiger, gefallsüchtiger oder narzisstisch gestörter Menschen. Sie betrifft uns alle. Sie hängt damit zusammen, dass wir in einer Kultur leben, in der für die leiblichen Bedürfnisse gesorgt ist, in der durch die sich rasant entfaltenden Wissens-, Medien- und Kommunikationsangebote die effiziente und rasche Beachtung sogar wirtschaftlich zu einer Schlüsselkategorie geworden ist. Nicht in erster Linie das Geld, der exzessive Genuss und die Völlerei, sondern die Sorge um die Beachtung und Aufmerksamkeit anderer Menschen bestimmen das Lebensgefühl in unserer Wohlstandsgesellschaft.

Man braucht nur ein paar Momente eines typischen Arbeitsalltags herauszugreifen, um zu sehen, wie wir sozusagen rund um die Uhr Opfer oder Nutznießer von Beachtung sind: Sie kommen abends heim und finden Ihren Briefkasten vollgestopft mit Werbung und Sonderangeboten, mit Katalogen von Versandhäusern, Ankündigungen lokaler Ereignisse, Rechnungen, Strafzetteln und vielleicht mit einem Brief. Sie kommen von einer kurzen Reise heim und finden ihren Anrufbeantworter voller Nachrichten, die auf Ihren Rückruf warten. Sie haben ein Wochenende mit Freunden verbracht, und Ihre Faxmaschine oder Ihr E-Mail erwarten Sie mit Botschaften, auf die Sie (möglichst rasch!) reagieren sollen. Sie sitzen im Zug und wollen gerade frühstücken, da klingelt Ihr Handy. Dies alles spiegelt ein tiefgründiges Muster sozialen Wandels, das man mit der Kurzformel „Verteilungskampf um Beachtung" charakterisieren könnte. Man braucht sich nur umzuschauen, von überall her ruft es: „Beachte mich!" Kinder, Eltern, Freunde, Kollegen, Partner und vor allem die Medien mit ihren Celebrities aus Kino, Mode, Wirtschaft, Kunst und Politik. Es macht deswegen keinen Sinn, zu fordern, sich durch selbstgenügsame Autarkie, falsche Bescheidenheit oder Verleugnung dem Tanz um Beachtung zu entziehen. Es ist schlicht unmöglich.

Gesehen werden: Was bedeutet das?

Es gibt Lehrer, die es fertig bringen, ihre Schüler derart zu fesseln und in einen Zustand höchster Konzentration zu versetzen, dass sie sogar das Klingelzeichen am Ende der Stunde überhören. Wie schaffen sie das nur? Was ist das Besondere?

Ein solcher Lehrer schenkt jedem einzelnen Schüler respektvolle Beachtung. Selbst wenn eine Schülerantwort an der Frage vorbeigeht, hält er inne und meint: „Interessant deine Idee, darüber muss ich nachdenken.“ Oder: „So kann man es auch ansehen.“ Jeder fühlt sich bewusst wahrgenommen und beachtet. Jeder hat das untrügliche Gefühl: „Ich bin bedeutsam. Ich bin wichtig. Meine Meinung zählt.“

Die Voraussetzung für diesen konstruktiven Umgang ist die Fähigkeit, die Perspektiven anderer zu berücksichtigen. Es geht um Verständigung und darum, die Unterschiedlichkeit von Sichtweisen und Interessen zu würdigen. Beachtung geht über die Ebene des Bemerkt-, Gehört-, Angesehen-Werdens hinaus. Sie erreicht eine noch tiefere Ebene, die man mit dem Begriff *Achtung* bezeichnen kann. Ein solcher Lehrer schenkt Beachtung im besten Sinn des Wortes – eine Beachtung, die mit Achtung und wohlwollender Bestätigung einhergeht. Er setzt das universalistische Prinzip der Menschenwürde konkret um.

Beachtung schenken ist also weit mehr als nur teilnahmsloses Zuschauen. Es bedeutet ein zugeneigtes Fühlen, eine Zuwendung, die den anderen in seiner einmaligen Lebensentfaltung anerkennen und sehen will, egal wie verschieden, fremdartig, verrückt oder komisch sie auf den ersten Blick auch erscheinen mag. Sich darum zu bemühen, den anderen mit seinen eigenen Wünschen und Auffassungen zu sehen und zu respektieren, ist Voraussetzung für Beachtung.

Das verwandte Wort „aufmerksam sein“ heißt im Lateinischen

„adtendere“. Die Silbe *ad* bedeutet „hin, zu“ und *tendere* bedeutet „dehnen, ausdehnen“. Wenn man seine Aufmerksamkeit auf jemanden richtet, dann dehnt oder streckt man sich aus bis hin zu diesem Menschen. „In seiner Nähe bin ich ein besserer Mensch“, beschrieb eine Frau diese Erfahrung mit ihrem Partner, die zeigt, was liebende Beachtung bewirken kann. „In deinen Augen werde ich schön“, so eine andere Aussage.

Beachtung ist eine Einladung, kein hartes Muss. Jeder Mensch ist fähig dazu, an sich selbst festzustellen, wie solch eine Einladung ihn aufwertet, und daher auch imstande, andere so zu sehen, wie sie sein könnten.

So wie es unzählige Möglichkeiten gibt, Liebe und Zuneigung auszudrücken, gibt es auch verschiedene Arten, Beachtung zu zeigen. Man kann sie direkt ausdrücken, indem man beispielsweise jemanden anschaut, anhört, berührt oder umarmt, oder man kann sie indirekt zum Ausdruck bringen, indem man an ihn denkt, über ihn spricht. „Ich beachte dich“ heißt demnach: „Ich begegne dir; ich nehme dich wahr; ich sehe dich; ich höre dich“. Was bedeutet das? Ich öffne mich für den anderen mit meinen Sinnen, meinen Empfindungen, meinen Gefühlen und meinem Verstehen. Es bedeutet auch, dass ich von anderen Menschen wahrgenommen und gesehen werden möchte. Es könnte sein, dass es sich bei dieser Begegnung nur um ein einfaches „Guten Morgen“, „Wie geht es dir?“ oder ein schlichtes „Danke“ handelt. Schon dieser kleine Austausch verändert beide Beteiligten. Außerdem vergrößert er unsere Erfahrung von uns selbst und lässt den heutigen Morgen oder Tag in einem anderen Licht erscheinen. Es könnte aber auch sein, dass man einander tiefer kennen lernen möchte oder auch nur ein Stückchen näher. Beachtung ist demnach immer mit Gefühlen verbunden. Diese können schwach sein, wie beim einfachen „Guten Tag“, oder auch stark und verbindlich, wenn man sich näher aufeinander einlässt und in diesen merkwürdigen Zustand gerät, der sich als Verliebtheit oder Liebe äußert.

Rachel Naomi Remen, Leiterin eines kalifornischen Krebsforschungsprogramms, meinte sogar, dass Beachtung und Zuwendung letztlich die entscheidenden Faktoren sind, die bei Schwerkranken den Lebens- und Gesundungswillen stärken. Wer von außen Wertschätzung erhält, gewinnt auch Wertschätzung für das eigene Leben. Beachtung, die auf Wertschätzung, Respekt oder Anerkennung basiert, ist eine elementare Form der Zwischenmenschlichkeit. Sie ist mehr als nur ein Tauschgeschäft nach dem Motto: „Ich gebe dir, damit du mir gibst." Sie ereignet sich, wenn Menschen sich füreinander öffnen, aufeinander reagieren und sich auf ein Wechselspiel von Empfangen und Geben einlassen.

Es geht also um eine Qualität der Zuwendung, die mit einem bestimmten Fühlen, Spüren oder Empfinden verbunden ist: Bauch und Herz sind gleichermaßen beteiligt. Der Unterschied zwischen bloßem Registriert-Werden und Beachtet-Werden lässt sich einfach verdeutlichen. Nach einem Fest sagt jemand zu Ihnen: „Ich habe dich gestern Abend gesehen." Wie werden Sie reagieren? Wahrscheinlich lässt Sie das ziemlich kühl. Hören Sie hingegen: „Flott hast du gestern ausgesehen in deinem tollen Kleid ... und wie lebendig du beim Tanzen warst." Ihre Reaktion wird wahrscheinlich ganz anders ausfallen, weil Sie sich wahrgenommen und gemeint fühlen. Beachtung, die mit wertschätzender Zuwendung einhergeht, hinterlässt positive Spuren in der Seele.

Jeder hat wohl eine intuitive Vorstellung davon, wie es sich anfühlt, wenn man beachtet wird oder Beachtung schenkt. „Wenn ich mich vom Leben und von meinem Mann bejaht weiß", so drückte es eine Frau aus, die gerade geheiratet hatte. Beachtung ist von außen schwer zu erfassen, wie wichtig sie auch für das Seelenleben des Einzelnen ist. Niemand kann von außen beurteilen, ob sich jemand beachtet fühlt oder nicht. Und natürlich gibt es Unterschiede im Maß an Beachtung, das der einzelne Mensch braucht. Manchen genügt ein schlichter Gruß, während andere auf Lob, Komplimente oder andere sichtbare Zeichen angewiesen sind. Beachtung ist also weder einfach messbar noch ist sie eindeutig oder analysierbar, weil sie durch persönliches Erleben erzeugt ist.

Beachtung ist eine Erfahrung, ein dynamischer, wechselseitiger Prozess, in dessen Zentrum die Erfahrung steht: „Ich bin gemeint. Ich werde gesehen.“ Beispiele für Beachtung, die das Herz erwärmen, sind oft kleine aufmerksame Handlungen und nicht einmal so sehr die großen, spektakulären Gesten. Manchmal übersehen wir diese menschenfreundlichen Lichtblicke, aber unser Herz erinnert sich daran. Ein Lächeln, das ein bisschen strahlender ist, ein Anruf, der spontan kommt, ein befreiendes Lachen im richtigen Moment, ein Händedruck, der etwas wärmer ist, eine Begrüßung, die aufrichtig gemeint ist, oder ein Satz, der auf innere Resonanz stößt und lange nachwirkt. Das sind die Momente, die uns den Unterschied zwischen purer Zweckmäßigkeit und diesem kleinen bisschen „Mehr“ leibhaftig vermitteln. Ihnen verdanken wir die Motivation, das weiterzugeben, was wir erhalten haben.

Sich selbst sehen – und andere sehen

In den Manövern und Finten unserer haarigen Brüder und Schwestern spiegelt sich unser Wunsch, gesehen zu werden, und wir können darüber lächeln. Affen sind zum Beispiel wahre Meister in puncto Beachtung. Affenmänner, die ihren fresslüsternen Weibchen durch einen geschickt angezettelten Beischlaf imponieren. Orchideen camouflieren sich als Wespenweibchen, um den liebestrunkenen Wespenmann zwischen ihre Blütenblätter zu locken. Das Huhn simuliert Vergiftungserscheinungen, so dass alle anderen Hühner sich davonmachen – um sich dann selbst über die ersehnten Körner herzumachen. Vögel stellen sich als flügellahm dar, um von ihrem Nest abzulenken. Auch Menschen praktizieren instinktiv oder bewusst ähnliche Strategien, um gesehen zu werden, um an diese unwiderstehliche Droge Beachtung zu kommen. Kennt nicht jeder Menschen, die sich aufplustern, aufblähen, die Camouflage betreiben, übertreiben, ablenken oder sich einschmeicheln?

Obwohl jeder in seinem Leben Erfahrungen damit macht, denken die meisten wenig darüber nach. Die Auskünfte, die ich erhielt, waren auch dementsprechend vage und allgemein gehalten. Eine typische Antwort eines jungen Geschäftsmannes: „Ich bin derart eingespannt im Alltag, dass ich mir über so etwas gar keine Gedanken machen kann.“ Oder eine Erzieherin: „Ich merke nur, wenn ich mal wieder zu viel Schokolade esse, dass es irgendwie damit zusammenhängt, dass ich mal wieder mehr Beachtung bräuchte.“ Eine Schülerin: „Wenn ich einen tollen Aufsatz geschrieben habe, dann möchte ich auch Anerkennung dafür.“ Es wurden meist konkrete Erlebnisse berichtet, eingebunden in einen ganzen Komplex von Gedanken, Gefühlen und Verhaltensweisen. Ein junger Lehrer meinte: „Beachtung, das hat was mit Gefühlen zu tun. Zum Beispiel neulich, als ich mit einer Schülerin in der Pause ins Café ging. Sie war so traurig, weil ihr Hund gestorben war. Da habe ich einfach mit ihr gesprochen und sie auf andere Gedanken gebracht. Danach ging es ihr viel besser."

Es geht also um ein soziales Gefühl, das den anderen mit einbezieht. Außerdem sind Gefühle mit im Spiel, nicht nur die eigenen, sondern auch die der anderen. Sie auseinander zu halten kann schwierig sein. Die oben erwähnte Erzieherin führte dies weiter aus: „Ich dachte, warum beachtet sie (ihre Kollegin) mich denn nicht mehr? Ich wurde immer ärgerlicher, bis ich erfuhr, dass sie ein Alkoholproblem hatte ... dann tat sie mir irgendwie leid, und ich konnte sie besser verstehen."

Wie sich das Phänomen Beachtung in alltäglichen Handlungen zeigt, bekomme ich immer wieder in meiner therapeutischen Praxis zu spüren. Ich denke an den jungen Zahntechniker, der sich darüber beklagte, dass er nicht originell, nicht spontan und nicht dynamisch genug sei. Er wolle sich direkter ausdrücken lernen und mehr „er selbst" sein, das war sein Wunsch und Auftrag an mich. Mir fiel auf, dass er nach vorn gebeugt, wie auf dem Sprung gerade noch auf der Stuhlkante saß. Auf meine Frage, ob ihm bewusst sei, wie er gerade sitze, verneinte er. „So sitze ich immer ... ist da was falsch dran?" Er fühlte sich ertappt. „Sie geben sich keine Unterstützung ... keine Beachtung." Dieser Satz ermunterte ihn, auf dem Stuhl wirklich Platz einzunehmen. Genüsslich lehnte er sich zurück. Er spürte den Unterschied – vorher wie eine Katze auf dem Sprung und jetzt plötzlich wie jemand, der wirklich präsent ist, auf seinem Stuhl sitzt und ihn für sich einnimmt. Das war ein erstes eindrückliches Beispiel für ihn, auf das er immer wieder zurückkam. Mit der Zeit korrigierte er sich von selbst: „Ich übergehe mich mal wieder – Moment – ich muss erst mal auf meinem Stuhl ankommen. So – nun bin ich da."

Eine Schülerin sagte: „Wenn ich höre, dass das Fahrrad meiner Freundin gestohlen wurde, und ich würde nur sagen: ‚Schade um dein neues Rad', das fände ich schlimm. Wenn ich ihr stattdessen mein Rad ausleihen würde, das wäre für mich Beachtung, weil ich mich in sie hineinversetze und weil es mich nicht kalt lässt, was ihr passiert ist." Sich gefühlsmäßig auf einen anderen

Menschen einlassen, sich in seine Rolle versetzen und diese Gefühle in eigenes Verhalten umsetzen: Beachtung ist soziales Fühlen, ähnlich wie Liebe, Hass, Schuld, Scham oder Bewunderung. Sie schafft eine soziale Brücke zwischen Menschen und verbindet sie miteinander, deswegen braucht es immer zwei: einen, der Beachtung schenkt, und einen, der sie empfängt. Wenn Geben und Empfangen sich erfolgreich miteinander verbinden, dann ist der Brückenschlag geglückt, und beide empfinden dies als „Ich bin verstanden oder gesehen worden". Die Erfahrung eines älteren Ehepaares beschreibt diese Übereinstimmung: „Nach meinem Herzinfarkt waren wir plötzlich wie auf einer Wellenlänge. Wir waren wie ein Herz und eine Seele. Jeder gab dem anderen, was er brauchte. Kein Aufrechnen, kein Kalkulieren mehr, einfach da sein. Geben und Nehmen, alles war wie eins. Ich musste wohl erst sehr krank werden, um diese Art von Verbundensein schätzen zu lernen."

Selbst wenn wir Tieren oder Bäumen und Pflanzen Beachtung schenken, so hat das wahrscheinlich damit zu tun, dass wir sie als beseelte Wesen erleben und unsere eigenen Gefühle auf sie übertragen. Gelegentlich höre ich, dass Menschen um einen sterbenden Baum trauern oder mit Pflanzen sprechen, sie berühren und streicheln. Beachtung bezieht sich also nicht nur auf Menschen, sondern auf alles, was wir beseelen. Für manche ist das sogar ihr PC oder ihr defektes Auto, dem sie gut zureden, so im Sinne von „Stell dich doch nicht so an!", „Reiz mich nicht, sonst schmeiß ich dich an die Wand!", „Prima hast du das gemacht!", „Wehe, du stürzt mir wieder ab!", „Noch eine Panne, und du wirst verschrottet!"

Wenn wir anderen Beachtung schenken, beachten wir gleichzeitig auch uns selbst. „Toll hast du das gemacht! – Ich hätte das nie so hingekriegt." „Danke für deinen Anruf. Er kam genau im richtigen Moment. – Ich fühle mich zur Zeit nämlich ziemlich mies." Andere zu beachten heißt immer auch, Zugang zu eigenen Gefühlen zu gewinnen. Andere geben uns die Chance, Gefühle auszudrücken, die wir vielleicht sonst nicht wahrgenommen und ausgedrückt hätten. Indem man Beachtung schenkt, gibt man auch Zeichen von sich selbst. Man erfährt, wer man gerade ist, nimmt eigene Gefühle und Standpunkte wahr und kommt dem Ziel menschlichen Lebens näher, sich verstehen zu lernen. Eine Frau drückte das treffend aus: „Mir geht es nicht so sehr darum, zu gefallen. Ich möchte vielmehr wissen, wer ich eigentlich bin. Ich möchte wissen, ob ich ähnlich wie andere denke, fühle und reagiere. Ich will erfahren, ob ich unter Freunden und Geschwistern oder unter Gegnern bin. Manchmal erfahre ich erst durch andere, wo ich gerade stehe." Schon allein zu wissen, wann man besser schweigt oder wann man reden soll, ob man etwas übergehen oder hinnehmen soll, ob man sich verteidigt oder zur Wehr setzt, ist hohe Beachtungskunst. Sie kann zu entscheidenden Weichenstellungen im Leben führen. Hängt sie doch mit der intuitiven Fähigkeit zusammen, zu unterscheiden, was wann, wie und wo angemessen ist.

Spielarten der Beachtung

Es gibt Menschen, die sich so verhalten, als wüssten sie nicht, worum es beim Tausch von Beachtung geht. Sie schimpfen, fluchen, brüllen, stampfen mit dem Fuß, werfen mit Tassen und Tellern und meinen, Beachtung auf diese unüberhörbare Weise erzwingen zu können. Was anderen, die die Kunst der Liebenswürdigkeit beherrschen, mühelos zufliegt, das verschaffen sie sich dadurch, dass sie Furcht und Schrecken verbreiten. Natürlich werden sie beachtet, aber unsere Sympathie haben sie nicht.

Ein Journalist sagte: „Ich brauche meine Feinde, sie beschäftigen sich wenigstens mit mir. Wer gibt sich schon die Mühe, mich so genau zu studieren? Meine Freunde sind da viel nachlässiger, weil ihr Wohlwollen ihnen die Klarsicht benebelt. Wer hat die Fehler in meinen Zeitungsartikeln gefunden? Doch nicht meine Freunde. Meine kritischen Kollegen mit den Adleraugen. Ihnen verdanke ich so manche Korrektur oder genauere Recherche.“

Etwas zu beachten heißt also nicht automatisch, es auch zu schätzen. Auch Bespitzelung, Fahndung, Neid, Eifersucht beachten genau, aber ihre Motive sind missgünstig. Sie wollen kontrollieren, entlarven, aufdecken, ertappen. Ich frage einen Steuerfahnder nach dem, was er beachtet: „Meine Arbeit besteht ja nicht nur aus Zahlen. Ich habe ja mit Menschen zu tun. Und da spart man sich viel Aufwand und Zeit, wenn man ganz genau darauf achtet, wie sie sich verhalten. Ich brauche keine Psychologie zu studieren, ich habe schließlich eine ‚Nase‘“, sagt er, und seine Nasenflügel beginnen in der Tat ganz fein zu vibrieren.

Klatsch kann eine mildere Form missgünstiger Beachtung sein. In Abwesenheit der Betroffenen werden jene Beobachtungen formuliert, die in deren Abwesenheit tunlichst ungesagt bleiben. Die Abwesenden erhalten zwar Beachtung, aber eben eine eher negativ getönte, bloßstellende oder entwertende Form, die zwar sozial legitimiert ist, aber immer auch in der Gefahr schwebt, ins Verächtliche zu entgleisen.

Eine andere Spielart ist die stets wache Neugier derer, die andere nicht zur Ruhe kommen lassen, sie beständig ausfragen oder kontrollieren. „Woran arbeiten Sie gerade?“, „Leben Sie immer noch allein?“, „Wie geht es mit Ihrer Frau/Ihrem Mann?“, „Darf ich fragen, wie viel man so als Arzt, Banker, Schauspielerin ... verdient?“, „Verbringen Sie Weihnachten wieder auf Mallorca?“ So oder ähnlich lauten die Fragen, die den anderen kontrollieren und ihn ausforschen wollen. Will man nicht in den Ruf kommen, unhöflich zu sein, bleibt oft nur das Ablenken oder Ausweichen vor derartigen Verhörfragen.

Ein krasses Beispiel für kontrollierendes Verhalten lieferte eine Geschäftsfrau, die in regelmäßigen Abständen den Kilometerstand des Autos, die Briefe und Telefonnummern ihres Mannes nachprüfte. Jedes Mal reagierte er perplex, wenn sie ihn wegen irgendwelcher Anspielungen, die in gewissen Briefen von Kundinnen gestanden haben sollten, zur Rede stellte. Diese Art von indiskreter, misstrauischer Beachtung machte ihn rasend, ständig überlegte er sich Rechtfertigungen, verstrickte sich in Lügen und Ausreden und versteckte sämtliche Visitenkarten, Briefe und Autoschlüssel vor seiner Frau, bis er sie oft selbst nicht mehr wiederfand. Sie wiederum machte sich lustig über ihn, bis eines Tages eine Blumenvase durch das Fenster rauschte, wodurch die häusliche Idylle erst einmal einen hörbaren Sprung erhielt.

Ein anderes extremes Beispiel für kontrollierende Beachtung lieferte ein Arzt, der von einer Patientin derart verfolgt wurde, dass er sich abends kaum mehr aus dem Haus wagte, weil sie periodisch um sein Haus und in seiner Straße herumschlich und nach Vorträgen immer auf ihn wartete. Auch wenn es nie zu einer wirklichen Begegnung außerhalb seiner Praxis kam, so fühlte er sich doch stark beeinträchtigt durch diese Art von kontrollierender Beachtung und Verfolgung. Selbst in Träumen oder auf Reisen fühlte er plötzlich diese „Geieraugen“ – wie er sie nannte – auf sich gerichtet. Das Wort „Geier“ ist ja bekanntlich verwandt mit dem Wort „Gier“. Die Gier war es, die diesem Arzt so bedrohlich schien; intuitiv wusste er, dass sie eine destruktive Ausdrucksform der Beachtung war. So wurde ihm auch seine Angst, verschlungen zu werden, verständlich.

Pseudo-Beachtung

Beobachtet man Menschen, die einander in der Gruppe begrüßen, so gibt es ein Muster, das den Anschein gibt, als würde man sich Beachtung schenken. Es gibt Menschen, die geben dem einen die Hand, schauen zum Nächsten und schielen schon zum Übernächsten. Während sie versuchen, möglichst viele möglichst schnell zu begrüßen, begrüßen sie letztlich keinen, weil sich keiner wirklich gemeint fühlt. Sie sind überall und nirgends, sie sind da und doch nicht da. Sie geben Beachtung und geben sie doch nicht, weil sie nicht in dem sind, was sie tun.

Neulich hörte ich folgendes Gespräch. Er (Ende 40) sagt zu ihr: „Am liebsten würde ich ihn nicht zu meinem Geburtstag einladen. Es nervt mich, dass er jedes Mal das Gespräch an sich reißt. Er merkt nicht mal, dass er uns ständig unterbricht." Sie (etwa 40) antwortet: „Hast du überhaupt gesehen, dass ich einen neuen Haarschnitt habe?" Er: „Deine langen Haare haben mir aber besser gefallen. Vielleicht kannst du ihm mal die Meinung sagen." Sie: „Alle sagen, die kurzen Haare würden mir viel besser stehen. Und der Ulla habe ich gestern mal richtig die Meinung gesagt. Du hättest sehen sollen, wie cool die reagiert hat." Er: „Na ja, die ist sowieso nicht mein Typ." Und so lief dieses Gespräch endlos weiter, von einer Assoziation zur nächsten. Keiner ging auf den anderen ein, jeder redete am anderen vorbei, griff lediglich Stichworte vom anderen auf, um seine eigenen Themen daran aufzuhängen. Häufig spielen sich Gespräche im Alltag auf dieser oberflächlichen, kontaktlosen Ebene ab, bei denen die Beteiligten sich nur Stichworte liefern, z. B. vom Familienfest, zur Festplatte, zum PC, zum Virus und schließlich „übrigens, Bernd hat einen Darmvirus und konnte nicht in die Ferien fahren".

Ähnliche Muster finden wir auch beim Zuhören. Gerade das Zuhören verlangt, dass wir uns voll und ganz auf unser Gegenüber einlassen. Das ist für viele schwierig. Und so kommt es zu diesem Pseudo-Zuhören – Kopfnicken, Lächeln, allgemeinen Floskeln –, während man in Gedanken woanders ist oder das Gespräch am Nachbartisch verfolgt und mit einer gezielten Seitenbemerkung bereichert. Leere Floskeln, geheuchelte Aufmerksamkeit, aufgesetztes Lächeln bringen den anderen um die Beachtung, die er zu gewinnen versucht, und lassen ihn leer ausgehen, weil sie Qualität mit Quantität verwechseln. Ein markantes Beispiel dafür lieferte mir eine Frau, die sich frisch verliebt hatte und mit ihrer neuen „Flamme" ihren Geburtstag feiern wollte. Sie erzählte: „Wir kannten uns erst kurz, und er lud mich zu meinem Geburtstag in ein tolles Restaurant ein. Es begann sehr nett, aber dann wirkte er auf einmal unkonzentriert und schaute interessiert hinter mich. Ich fragte ihn, ob da jemand sei, den er kenne. ‚Nein', meinte er und schaute aber immer weiter nach hinten, legte seinen Kopf schräg, lächelte unvermittelt, berührte sich ständig im Gesicht, strich seine Haare zurück und verdrehte die Augen in alle Himmelsrichtungen. Schließlich drehte ich mich um. Und was sah ich hinter mir? – Den Spiegel, in dem er sich die ganze Zeit selbstverliebt betrachtet hatte. Das war das jähe Ende meiner Verliebtheit."

Man fühlt sich bei dieser Geschichte unwillkürlich erinnert an die Legende von Narzissus und Echo. Während der in sich selbst verliebte Narzissus nur noch sein Spiegelbild im Gewässer sieht, zieht sich die Nymphe Echo gekränkt über ihre verschmähte Liebe in die Wälder zurück. Wer nur noch sich selbst sieht, vernachlässigt den anderen. Dieser geht nicht nur leer aus, sondern fühlt sich auch in seiner Integrität verletzt. Wenn Menschen nicht wirklich in dem sind, was sie tun, und nicht wirklich beim anderen sind, so fühlt der andere sich reduziert oder überflüssig: „Mich gibt es nicht" oder „Ich bin fehl am Platz". Eine junge Frau erinnerte sich daran, wie sie als junges Mädchen mittags von der Schule kam und von den Begebenheiten ihres Schulalltags erzählte. Sie konnte deutlich spüren, wie ihre Mutter zwar pflichtgemäß nachfragte, aber sie fühlte sich missachtet, weil „sie nie wirklich da war". Stets beschäftigt mit Haushaltspflichten und gesunder Ernährung, verpasste ihre Mutter das Entscheidende – für ihre Tochter präsent zu sein. Der andere ist zwar körperlich anwesend, aber Geist und Seele sind woanders. Das macht traurig und einsam, weil sich so keine Nähe einstellen kann.

Echte Beachtung ist nur im Hier und Jetzt, im bewusst erlebten Augenblick zu haben. Deswegen heißt Beachtung schenken: ganz da sein und sich in das hineinbegeben, was man gerade tut. So verstandene Beachtung kommt von Herzen und berührt die Seele eines anderen Menschen.

Anderen etwas bedeuten

„Manchmal gehe ich einfach nur einkaufen, um mir ein bisschen Beachtung zu holen. Wenn die Kassiererin dann ein paar freundliche Worte mit mir wechselt, dann werde ich plötzlich wieder lebendig, sogar meine Stimme verändert sich, mein Herz pumpt wieder fröhlicher, und ich kann wieder zügiger laufen", meinte eine pensionierte Lehrerin, die auf diese Weise ihr Bedürfnis nach Beachtung im Alltag konkret umsetzt.

Ist das nicht eigenartig, dass Menschen derart motiviert werden durch die Zuwendung und die Gefühle anderer, obwohl sie keinen Zugang zur Erlebnissphäre eines anderen haben? Wir halten es einfach nicht aus ohne die Vorstellung, eine Rolle im Seelenleben anderer zu spielen. Geht man davon aus, dass die Seele eine maßgebliche Rolle im täglichen Zusammenleben spielt, so gibt es auch einen intuitiven leib-seelischen Zugang zu anderen Wesen. Wenn wir einander Beseeltheit zugestehen, dann gibt es auch ein gemeinsames Fühlen, Spüren und Empfinden. Empirisch ist es zwar schwer nachweisbar, aber in der Logik der Gefühle und Sinne wissen wir alle, worum es geht. Franck meint: „Wir alle tun so, als ob wir in einer Gesellschaft beseelter Wesen lebten. Der zwischenmenschliche Tausch der Aufmerksamkeit ist zwar Magie. Es ist aber Magie, die funktioniert."[1] Magie lässt sich nicht auf den Bereich des Berechenbaren einschränken, daher die mitunter irrationalen Folgen, die Beachtung nach sich ziehen kann.

Man denke nur daran, wie aus der zufälligen Beachtung, die man einem Menschen schenkt, Verliebtheit erwachsen kann. Einzig und allein, weil man ihm signalisierte: „Du interessierst mich." Plötzlich verwandelt sich der Kontakt so tiefgreifend, obwohl sich objektiv überhaupt nichts verändert hat. Beachtung – das ist eine

[1] Franck, G., Ökonomie der Aufmerksamkeit. München/Wien 1998, S. 18.

Art Sammelbecken für Wünsche, Hoffnungen, Sehnsüchte, Vorstellungen und Erwartungen. Deswegen kann man nie genug davon bekommen. Oder haben Sie schon einmal jemanden getroffen, der sich darüber beklagt hat, dass er zu viel Beachtung, Zuwendung oder zu viel Geld erhält? Vielleicht aus der unerwünschten Quelle, von der unerwarteten Seite oder für die falsche Sache; aber von Menschen, an denen uns liegt, und für Kompetenzen und Eigenschaften, die wir uns zugute halten, können wir wahrscheinlich nur schwerlich zu viel dieses kostbaren Lebenselixiers bekommen.

Wir ertragen es nur schwer, wenn wir für andere keine Rolle spielen. Deswegen ist das verbreitete Motto „Jeder soll auf seine Fasson selig werden“ keineswegs so edelmütig, wie es den Anschein haben mag. Es kann reduzierend und verletzend wirken, denn Menschen wollen mehr. Sie wollen eine Fühlungnahme, die ihnen zeigt, dass sie im Seelenleben anderer eine Rolle spielen. Und wenn es nur ein paar freundliche Worte von der Kassiererin sind, Menschen wollen wahrgenommen oder mehr noch, sie wollen erkannt, und das heißt auch: in ihren vorhandenen Möglichkeiten erkannt werden.

Unser Selbstbild hängt entscheidend davon ab, welche Bedeutung wir für die anderen haben. Tierversuche haben gezeigt, dass das Bedürfnis, der Mutter nahe zu sein, bei Affenkindern stärker ist als jedes andere Bedürfnis, sogar stärker als Hunger, Durst und Schmerzvermeidung.[2] Auch der Psychologe Abraham Maslow hat in seiner Bedürfnishierarchie das Bedürfnis nach Beachtung hervorgehoben. Allerdings hielt er es für den biologischen Bedürfnissen untergeordnet. Hingegen glauben Baumeister und Leary, dass der Wunsch nach Beachtung ein genauso zwingendes Bedürfnis ist wie das Bedürfnis nach Nahrung.[3]

Nichts auf der Welt gewährt jenes Maß an Daseinsgewissheit, welches aus dem Wahrgenommen- und Gesehenwerden erwach-

---

[2] Vgl. Schmidbauer, W., Evolutionstheorie und Verhaltensforschung. Hamburg 1974.

[3] Baumeister, R. F. / Leary, M. R., The need to belong. Desire for interpersonal attachments as a fundamental human motivation. In: Psychological Bulletin 3/1995.

sen kann. Man arbeitet effizienter, wenn der Vorgesetzte einen beachtet. Man ist witziger, wenn man Resonanz auf seine Witze erhält, und geistreicher, wenn man dafür geachtet wird. Man bleibt gesünder, wenn man nicht allein ist auf seinen Wegen. Klugheit, Charme, Tüchtigkeit, Geschicklichkeit, Religiosität und auch Potenz – all diese Werte werden gefördert und angestachelt durch die Beachtung von anderen.

Die verheerendste Strafe, die eine Gesellschaft über ihre Mitglieder verhängen kann, ist deswegen die Ächtung. Interessanterweise bevorzugen Gruppen, die erklärte Gegner von Gewalt sind, dieses Mittel. Der Soziologe Peter L. Berger beschreibt das so genannte „Shunning" bei den Amish-Mennoniten, die ihre Anhänger bei Verletzungen von Gruppentabus der Ächtung aussetzen, indem sie sie zwar weiter arbeiten und leben lassen, doch ohne dass jemand jemals mit ihnen spricht.[4] Etwas Grausameres kann man sich wohl kaum vorstellen. Radikale Beispiele des Entzuges von Beachtung erleben wir auch in unserer Gesellschaft, wenn jemand ausgegrenzt wird, in Untersuchungshaft oder ins Gefängnis wandert.

Wer genügend positive Beachtung erhält, wird ein sicheres, vertrauensvolles Verhalten an den Tag legen, auf das die Umwelt wahrscheinlich mit Zuwendung reagiert, was seine ursprüngliche Annahme beweist. Und umgekehrt: Wer überzeugt ist, dass er nicht beachtet oder missgünstig angesehen wird, legt wahrscheinlich ein misstrauisches, abweisendes Verhalten an den Tag, auf das die anderen mit Unmut und Argwohn reagieren, womit sich seine Annahme ebenfalls beweist.

Beachtung ist eben keine Einbahnstraße, sondern wechselseitig und mehrdimensional: ein Geschehen, bei dem Sender und Empfänger Energie austauschen und einander „anstecken", wie folgendes Beispiel einer abendlichen Paarszene zeigt:

Sie: „Ich bin wohl Luft für dich."
Er: (schweigt)

---

[4] Berger, P. L., Einladung zur Soziologie. Zürich 1969, S. 84.

Sie: „Ich habe was gesagt."
Er: „Wie bitte?"
Sie: „Kannst du mich nicht mal mehr begrüßen?"
Er: „Wie soll ich dich denn begrüßen, wenn du die Zeitung liest?"
Sie: „Du mich grüßen? Das ist ja das Neueste. Ich weiß nur, dass du das letzte Mal mit mir geredet hast, als du getrunken hattest."
Er: „Schon wieder die alte Leier ..." (schaltet den Fernseher an)

Dieses Beispiel zeigt, wie persönliche negative Prämissen dem anderen ein Verhalten aufzwingen, so dass sie sich in der Tat beweisen. Ähnliche Muster lassen sich auch in diesem Beispiel einer Unterhaltung zweier Freundinnen finden:

Sie: „Sag mal ehrlich, findest du mich attraktiv?"
Freundin: „Jedenfalls finde ich, dass du schöne Kleider hast, aber du solltest was für deine Figur tun."
Sie: „Findest du mich zu dick?"
Freundin: „Zumindest solltest du nicht diese engen Jeans tragen, da sieht man, dass du zugenommen hast."
Sie: „Dafür bist du zu dünn."
Freundin: „Du bist ja nur neidisch, gib's doch zu."

Frauen haben es oft nicht gelernt, sich positiv anzunehmen, und können deswegen auch anderen nur wenig positive Beachtung gönnen. Statt einander zu bestärken, fassen sie einander entweder mit Samthandschuhen an, oder sie verletzen sich gegenseitig durch kleine, gezielte Sticheleien. Oft steckt dahinter die Ablehnung des eigenen Körpers oder ein schwaches Selbstwertgefühl. Aber paradoxerweise löst diese Schwäche gerade Reaktionen aus, die sich wie selbsterfüllende Prophezeiungen auswirken. Man befürchtet, nicht attraktiv genug zu sein und nicht genügend Beachtung zu erhalten, und durch diese Annahme zieht man genau das Befürchtete an.

Wir wählen immer aus

Unserer Kapazität, Beachtung zu vergeben, sind Grenzen gesetzt. Das fängt schon bei den harmlosen Entscheidungen an: Will ich lieber einen Brief schreiben oder telefonieren? Gehe ich zu dem geplanten Fest, oder bleibe ich lieber bei meinen Kindern? Kümmere ich mich um meine Familie, oder helfe ich lieber meinem Freund? Lese ich lieber ein Buch oder die Zeitung? Gehe ich lieber zum Joggen, oder mache ich eine Kaffeepause? Meditiere ich, oder räume ich lieber meinen Schreibtisch auf? Wir müssen uns ständig neu entscheiden, was wir aufnehmen können und wofür wir unsere Zeit und Zuwendung ausgeben. Da die meisten nicht gern Zeit und Energie für Dinge ausgeben, die ihnen nicht wichtig sind, so versuchen sie sich auf das zu beschränken, was ihnen als Priorität erscheint und persönlichen Sinn ergibt.

Mit jeder Ausgabe, ob das nun Zeit, Energie, Zuwendung oder Geld ist, verzichten wir auf die Verwirklichung alternativer Möglichkeiten. Man kann nicht alles gleichzeitig haben. So zahlt jeder den Preis für seine Prioritäten und entscheidet sich für bestimmte Entfaltungsmöglichkeiten.

Beachtung ist aber nicht nur begrenzt, sie ist auch selektiv. Wenn beispielsweise auf einem Fest viele Gäste sind, so ist es gar nicht möglich, dass wir allen Beachtung schenken. Unser Auge konzentriert sich vielleicht auf einen alten Bekannten, dabei übersehen wir aber andere Bekannte oder neue, potentiell interessante Personen, die uns etwas bedeuten könnten. Womöglich laufen wir sogar an unserem Traumpartner vorbei, einfach weil unsere Sinne durch eine bestimmte situative Auswahl besetzt sind. Oder wir reagieren auf einen bestimmten Gesprächsfetzen und verpassen dabei andere reizvolle Gespräche, einfach weil unser Ohr durch einen bestimmten Reiz in Beschlag genommen wurde. Die Aufnahmefähigkeit unserer Sinne ist nun einmal begrenzt und selektiv. Unsere wichtigsten Kanäle der Verarbeitung von Beachtung – unsere Augen und Ohren – können immer nur an einem Ort zu einer bestimmten Zeit in einer bestimmten Situation sein. Je komplexer die Situation, in der wir uns befinden, desto größer auch die Wahrscheinlichkeit, dass wir vieles ausblenden und nicht beachten, was unsere Beachtung vielleicht auch verdienen würde.

Auch der jeweilige Zusammenhang entscheidet mit darüber, wem wir uns zuwenden. Waren Sie jemals in einer Gruppe, in der alle anderen eine andere Hautfarbe, eine andere Religion oder ein anderes Geschlecht hatten? Oder in einer Gruppe, in der Sie der Jüngste oder der Älteste waren? Natürlich wird sich jeder mehr oder weniger bewusst mit Ihnen beschäftigen, weil Sie anders als die anderen sind oder aussehen und deswegen auffallen. Sicher erhalten Sie mehr Beachtung als der Rest der Gruppe. Das kann man übrigens auch ganz leicht erreichen, wenn man zu spät kommt oder zu früh geht. Man wird sich besser an Sie erinnern, weil Sie sich von der Gruppe abheben. Womöglich erhalten Sie mehr Vorschusslorbeeren, wenn man Sie mag. Oder auch das Gegenteil, man lehnt Sie mehr ab, als Sie es verdienen, weil man Sie nicht mag. Wenn Sie als interessanter Gast angesagt sind und die Neugier der anderen Gäste angestachelt ist, werden Sie wahrscheinlich mehr Beachtung gewinnen. „Das ist doch der, der neulich in der Zeitung stand.“

Am meisten Aufmerksamkeit schenken wir den Menschen, die für unser Leben interessant und relevant sind oder es potentiell werden könnten. Ob sie es verdienen oder nicht, ist eine andere Frage. Durch Beachtung wählen wir bewusst oder unbewusst, wen oder was wir in unser Leben einlassen. Durch Nichtbeachtung verhindern oder scheiden wir aus, wer nicht dazugehört. Man sollte sich einmal daraufhin befragen, wem man bei Zusammenkünften am meisten Beachtung schenkt und von wem man am meisten beachtet wird. Sind es eher die selbstbewussten, erfolgreichen Selbstdarsteller oder die Leisen, Stillen, Zurückhaltenden?

Wir können es uns nicht leisten, allen Menschen Beachtung zu schenken, die um unsere Zuwendung werben. Ebenso wenig, wie wir es schaffen, jedermanns Liebling zu sein. Aber unser Leben erhält seine Kontur durch die Auswahl, die wir treffen. Ein bekannter Witz bringt es auf den Punkt: Eine Gastgeberin fragt ihren Gast: „Darf ich Ihnen Herrn Dr. X vorstellen?“, woraufhin er trocken antwortet: „Nein danke, ich kenne schon genug Leute.“

Im Spiegel anderer

Überlegen Sie, wie viele Ihrer Gedanken pro Tag um Ihre Mitmenschen – Eltern, Geschwister, Kollegen, Liebhaber, Verwandte, Freunde, Kinder und Nachbarn – kreisen. Und nun machen Sie ein Rechenexempel und vergleichen Sie damit die Zeit und die Menge der Gedanken, in denen Sie sich mit Ihren vertrauten Gegenständen – Auto, Radio, Schlüssel, Dusche, Geschirrspüler, Kühlschrank – beschäftigen. Vielleicht stellen Sie fest, dass andere Menschen weit wichtiger für Sie sind als Gegenstände – ja sogar lebenswichtig.

In unserem Leben hängt sehr viel von anderen Menschen ab. Menschen, im Unterschied zu Gegenständen, handeln absichtsvoll, gesteuert von inneren Beweggründen, und sie reagieren aufeinander, weil sie sich gegenseitig wahrnehmen. Wenn man beispielsweise bei einer Einladung jemandem begegnet, nimmt man nicht nur die andere Person wahr, man wird auch wahrgenommen. Nicht nur man selbst macht sich einen Reim auf den Gast, der einem gerade vorgestellt wurde, auch er macht sich zur gleichen Zeit seine Gedanken „Aha, das ist die, über die neulich gesprochen wurde. Redet ein bisschen viel. Sieht aber nicht schlecht aus.“

Bei Gegenständen hingegen handelt es sich um einseitige Wahrnehmung. Der Wasserhahn beispielsweise wird es einem wahrscheinlich nicht übel nehmen, wenn man ihn nur flüchtig beachtet. Er beachtet einen jedenfalls nicht, deswegen macht man sich darüber auch keine Gedanken.

Menschen hingegen haben wichtigen Einfluss auf unser Selbstbild und unser Selbstwertgefühl. Wir realisieren sofort, ob man uns Aufmerksamkeit zollt. Wir spüren auch ziemlich schnell, ob wir für andere interessant, begehrenswert oder gleichgültig sind, und wir verhalten uns dementsprechend. Die meisten

Menschen sind motivierter und arbeiten engagierter, wenn sie von ihren Vorgesetzten beachtet und ermutigt werden. Und umgekehrt, man kann gar nicht anders als ungeschickt sein, wenn man mit jemandem zusammentrifft, der einen für unbeholfen hält. Eine Frau, die in einem Café bediente, beschreibt ihre Erfahrung so: „Obwohl ich daheim meinen Haushalt bestens im Griff habe, wurde ich an meiner Arbeitsstelle zum regelrechten ‚Trottel vom Dienst'. Man brauchte mich bloß schräg anzuschauen, schon schwappte mir der Kaffee über, oder der Kuchen rutschte mir vom Teller. Ich wurde immer mehr zu dem, was die anderen in mich hineinsahen. Mit der Zeit fühlte ich mich regelrecht verurteilt zur Ungeschicklichkeit."

Beachtung ist also wie ein Spiegel, der uns vorgehalten wird. Wenn man gezwungen ist, in einen Spiegel zu schauen, der einen entstellt, sucht man verzweifelt nach anderen Leuten, die einem wohlwollende oder jedenfalls bessere Spiegel vorhalten. Wie sehr wir davon abhängig sind, zeigt etwa das Verhalten von Menschen im Hotel: Blitzschnell verändert man sein Verhalten, kaum dass man das Zimmer oder den Fahrstuhl verlassen hat. Da werden rasch die Haare ein bisschen korrigiert, die Krawatte zurechtgerückt, die Sorgenfalten um die Stirn etwas geglättet und ein unverfängliches Lächeln aufgesetzt. Wenn Menschen wissen, dass sie gesehen werden, ändern sie automatisch ihr Verhalten und richten sich danach, wie sie gern gesehen werden wollen. Kaum fühlt man ein Auge oder eine Videokamera oder einen Fotoapparat auf sich gerichtet, so passt man sich automatisch dem prüfenden Blick der anderen an. Unter dem fremden Auge verliert man die kindliche Unschuld. Man zeigt seine „Schokoladenseite".

Was hier geschieht, nennt man in der Sozialpsychologie „Selbstpräsentation" (Fiske). Wie nützlich eine derartige Selbst-Kosmetik ist, wird bei Menschen mit angekratztem Selbstbewusstsein deutlich. Gerade sie tun sich nämlich oft durch eine ungeschminkte und besonders wirklichkeitsgetreue Selbstdarstellung hervor und erhalten dadurch immer wieder die Bestätigung für ihr lädiertes Selbstgefühl. Anders geht es den selbstbewussten Zeitgenossen, die sich darauf verstehen, sich durch die Kunst der

Schönung, der Tönung und des Charmes die Gunst der anderen zu verschaffen.

Gefühle und Einstellungen, die wir bei anderen auslösen, sind für uns das Wichtigste und Sinnlichste, das es überhaupt gibt. Wir leben im Zeitalter von Spiegeln, jeder träumt von einer bestimmten Rolle, die er im Spiegel des Bewusstseins der anderen einnimmt oder einnehmen möchte. Und fast jeder ist enttäuscht oder gekränkt, wenn er die erwünschte Zuwendung, von der er meint, dass sie ihm zustehen würde, nicht bekommt. „Nichts beschäftigt uns so sehr wie unser Selbstbild im Spiegel des anderen Bewusstseins", meint Franck zutreffend.[5] Schon das Kind fragt: Hast du mich lieb? Habe ich das denn nicht schön gemacht? Und später räumen wir anderen Einfluss ein: Was erwartet der Lehrer von mir? Was sollen die Nachbarn denken? Was muss ich machen, damit ich gut ankomme? Wer erfolgreich sein will, muss einen gewissen Aufwand betreiben. Vielleicht lässt sich so die Faszination der Schönheitswettbewerbe, von Fitness und Body-Styling erklären.

Waren es früher Fleiß, Protektion, Erbschaft oder Hochleistung, die Beachtung garantierten, so treten heute neue Muster hinzu: die günstige Chance, das Risiko, der Erfolg oder der Zufall, plötzlich entdeckt zu werden. Es gibt Strategien, die auf dem Markt der Eitelkeiten gängig sind, und es gibt andere, sanfte und liebenswerte Methoden, die auf die lange Sicht auch ihre Früchte tragen. Bevor ich darauf eingehe, möchte ich zunächst einen Blick in die ersten Anfänge von Beachtung tun, um den Hintergrund unseres Beachtungshungers zu verstehen.

---

[5] Franck, G., Ökonomie der Aufmerksamkeit. München/Wien 1998, S. 17.

Sein ist Wahrgenommenwerden

Eine erste Studie über die lebensnotwendige Bedeutung von Beachtung finden wir bei Kaiser Friedrich II. (1212–1250), der auch König von Sizilien war. Er, der selbst mehrere Sprachen sprach, wollte herausfinden, ob die Sprache etwas Angeborenes oder Gelerntes sei. Zu diesem Zweck ließ er eine Gruppe Neugeborener von Ammen aufziehen, die sich außer dem Füttern und der Körperhygiene jeglichen sprachlichen Kontaktes enthielten. König Friedrichs Experiment endete schrecklich und ohne linguistisches Resultat – die Kinder starben, ohne je ein Wort gesprochen zu haben. Der Franziskanermönch Salimbene von Parma, der die Ergebnisse des experimentierfreudigen Königs aufzeichnete, deutete den Befund dahingehend, dass Kinder nicht leben können ohne den Austausch der Hände, der Gesten, der Berührungen und Blicke. Fazit: die Kinder starben durch Mangel an Beachtung.

Etwa 800 Jahre später, um 1940, beschrieb der Psychoanalytiker René Spitz das Schicksal von Kindern in einem Findelhaus und in einem Säuglingsheim des Frauengefängnisses. Obwohl die Hygiene und die Vorsichtsmaßregeln gegen Ansteckungskrankheiten untadelig waren, zeigte sich bei den Findelkindern, die sich eine Kinderschwester teilen mussten und mit denen kaum gespielt oder körperliche Berührungen ausgetauscht wurden, eine erstaunlich hohe Sterblichkeitsziffer im Gegensatz zu den Kindern des Säuglingsheimes, die von ihren Müttern mindestens ein Jahr lang voll versorgt wurden. Spitz entdeckte, dass ein Mangel an Beachtung und zwischenmenschlichem Austausch – streicheln, spielen, sprechen, liebkosen, anfassen – für Kinder verhängnisvoll ist.[6]

---

6 Spitz, R. A., Vom Säugling zum Kleinkind. Stuttgart 1972.

Warum sollte Beachtung genauso wichtig sein wie Essen und Trinken? Dieser Frage ging auch der englische Kinderpsychiater John Bowlby Ende der vierziger Jahre bei seinen Untersuchungen zur Bindungsfähigkeit nach. Bis dahin galt den meisten Psychoanalytikern die Ernährung als das emotional entscheidende Band zwischen Müttern und Säuglingen.[7] Die Frage nach den Hintergründen für die zum Teil schmerzlich beeindruckenden Trennungsreaktionen von Kleinkindern bei Abwesenheit der Mutter führten ihn zu der Erkenntnis, dass emotional bedeutsame Bindungen im Dienst des Überlebens existentielle Bedeutung haben. Eine grundlegende Annahme seiner Bindungstheorie besagt, dass die Entwicklung und die psychische Gesundheit stark durch die Art und Weise, wie Mutter und Kind Beachtung austauschen, beeinflusst werden. Sind die anfänglichen Beachtungssignale noch undifferenziert, unbeholfen und unspezifisch – das Kind schreit oder brüllt –, so münden sie jedoch mit der Zeit in gezielte Mitteilungsformen, wie beispielsweise „Ich möchte, dass du mich jetzt in den Arm nimmst.“, „Ich brauche deine Hand jetzt“. Seine Kollegin Mary D. Ainsworth beobachtete, dass nicht die Länge oder Häufigkeit zusammen verbrachter Zeit ausschlaggebend waren, sondern das einfühlsame Wechselspiel zwischen Mutter und Kind. Eine Mutter, die spürt, wann ihr Kind umarmt werden will und wann es in Ruhe gelassen werden muss, sorgt nicht nur für Anregung, wechselseitige Stimulation und Freude, sondern auch für ein wünschenswertes Resultat Jahre später: ein selbstsicheres Kind.

Auch die Entwicklungsforscherin Cécile Ernst – die im Übrigen teilweise zu anderen Ergebnissen als Spitz und Bowlby kam, weil sie nachweisen konnte, dass der Verlust der Mutter von den betroffenen Kindern ertragen wird, wenn die Umgebung dem Kind auch nachher genügend emotionale Stabilität und Fürsorge angedeihen lässt – bestätigt die Bedeutung anhaltender Schutzfaktoren, die in Verbindung mit der kreativen Anpassung des Kindes

---

[7] Bowlby, J., Attachment and loss. 3 Bde., London 1969, 1973, 1980.

bestimmen, welche seelischen Folgen belastende Erfahrungen oder Trennungen nach sich ziehen.[8]

Ein Relikt dieses ursprünglichen Beachtungsaustausches können wir täglich bei Abreisen oder Ankünften auf Bahnhöfen oder Flughäfen beobachten – man umarmt und küsst sich. Das ist nicht nur eine simple Angewohnheit. Dahinter verbirgt sich ein sehr früh erfahrenes Bindungsverhalten. Wann immer Trennungen bevorstehen oder überstanden sind, versuchen Menschen geradezu reflexartig den Haut-zu-Haut-Kontakt wiederherzustellen. Dieser Hautkontakt stellt eine Art körperlicher Vergewisserung dar, die offensichtlich macht, was die ursprünglichste und wirkungsvollste Form jeglicher Beachtung ist: Hautkontakt.

In der Reihe derer, die dem Phänomen Beachtung eine prominente Rolle zugeschrieben haben, darf Ronald D. Laing nicht fehlen.[9] Er war ein bedeutender englischer Denker innerhalb der modernen Psychiatrie, der in seinen Untersuchungen mit erwachsenen psychiatrischen Patienten zu dem Schluss kam, dass das Gesehen- und Erkanntwerden eine eminent wichtige Rolle in der Entstehung psychischer Erkrankungen spielt. Der Verlust oder der Mangel an Beachtung waren für ihn ausschlaggebend bei der Entstehung emotionaler Störungen. Der Angelpunkt, um den seine Beobachtungen kreisten, war das Prinzip „Sein ist Wahrgenommenwerden". Nicht-gesehen-Werden, so zeigte er an unzähligen Patientenbeispielen auf, ist die schwerwiegendste Form menschlicher Entbehrung, schlimmer sogar als feindselige oder negative Aufmerksamkeit. Selbst psychotische Verzerrungen deutete er häufig als zwanghaften Wunsch nach Aufmerksamkeit oder als archaische Bedürfnisse nach Anerkennung. So beschreibt er beispielsweise einen Mann, der, wenn er an einer Menschenmenge vorbeiging, ständig meinte, das Gerede und Ge-

---

8 Ernst, C., Sind Säuglinge psychisch besonders verletzlich? – Argumente für eine hohe Umweltresistenz in der frühesten Kindheit. In: Petzold, H. G., Frühe Schädigungen – späte Folgen? Psychotherapie und Babyforschung, Bd. 1, Paderborn 1993.

9 Laing, R. D., Das geteilte Selbst. Köln 1972; ders., Das Selbst und die Anderen. Köln 1973.

murmle gelte ihm. Wenn in einer Bar jemand hinter ihm plötzlich lachte, so musste ein Witz auf seine Kosten gemacht worden sein. Bei näherem Kennenlernen wird aber deutlich, dass es nicht der Beziehungswahn ist, der solche Menschen quält, sondern vielmehr die Angst, niemandem etwas bedeuten zu können. Was diese Menschen tatsächlich beschäftigt, ist nämlich genau das Gegenteil von dem, was einem offensichtlich erscheint. Hinter der Idee, von allen beachtet zu werden, steckt vielmehr der Gedanke, im Gefühlsleben anderer keine Rolle zu spielen. Je stärker dieser Eindruck ist, desto mehr nimmt das Gefühl überhand, Mittelpunkt der Welt der anderen zu sein.

Der so genannte „Napoleon-Komplex“ und andere Größenwahnvorstellungen sind letztlich verzweifelte Versuche, das Gefühl, nicht gesehen oder bestätigt zu werden, zu überwinden. Manche Menschen sind empfindlicher als andere, wenn es darum geht, gesehen und erkannt zu werden. Und manche verlangen vielleicht mehr nach Beachtung als andere. In den einzelnen Lebensphasen unterscheiden sich die Bedürfnisse nach Beachtung ebenfalls. Es ist wahrscheinlich nicht eine einmalige schlechte Erfahrung oder ein offenkundiges Trauma, das zu verheerenden Folgen führen muss, vielmehr ist es der subtile oder anhaltende Mangel an Beachtung, der Menschen krank macht. Wenn jemand in dieser Hinsicht sehr empfindlich ist und über eine längere Zeit beharrlicher Nichtbeachtung unterworfen worden ist, so kann es passieren, dass es zu langfristigen Folgen mit schweren psychischen Störungen kommt. Selbst das geringste Zeichen von Beachtung gibt zumindest Gewissheit, dass man bestätigt und bekräftigt wird – denn, um eine Bemerkung von William James zu übernehmen, es gäbe wohl nichts Schlimmeres, als sich in einer Gesellschaft zu bewegen und von allen unbemerkt zu bleiben.

Erste Erfahrungen

Das frühe Wechselspiel zwischen Mutter und Kind ist für Jessica Benjamin, eine Vertreterin der Säuglingsforschung, grundlegend für den Umgang mit Beachtung. Der Säugling sucht nach Austausch in vielfältigen Ausdrucksformen, die in etwa so lauten: „Schau mich an! Beachte mich! Hör mir zu! Berühre mich! Hab mich lieb! Bewundere mich!" – vielleicht aber auch: „Geh weg! Ich ziehe mich zurück! Ich will nichts mit dir zu tun haben! Ich greife dich an!" Wenn Mutter oder Vater das Kind berühren, es anschauen, mit ihm sprechen und lächeln, dann entsteht dieses erste intime Band, ein wechselseitiger Austausch, in dem auch das Kind durch seine Antworten zur Bestätigung seiner Eltern beiträgt. Einfühlende Ansprache, liebevolle Blicke und feinspürige Berührungen, das sind die Ingredienzien, die diesen frühen Dialog für beide befriedigend machen. Hier entsteht das grundlegende Gefühl von Daseinsgewissheit, Angenommensein und Vertrauen, das nicht nur für die Hinwendung zum Leben und zu den Mitmenschen zentral ist, sondern auch für die Fähigkeit, zu warten und Bedürfnisse aufzuschieben, in der Gewissheit, dass sie zu gegebener Zeit gestillt werden. Entgleist diese Entwicklung, so wird das Kind dazu neigen, sich in der Welt unwillkommen und ungeborgen zu fühlen. Es wird Schwierigkeiten haben, seine Bedürfnisse angstfrei zu erleben oder aufzuschieben in der Sicherheit, dass sie später erfüllt werden. Es bildet sich ein Teufelskreis aus Misstrauen, Gier und Ablehnung, da sich kein gesundes, sicheres Vertrauen entwickeln konnte.

Die neuere Säuglingsforschung stützt durch ihre Befunde das Bild des „kompetenten", d. h. des aktiven und kommunikativen Säuglings, wodurch die in der Psychoanalyse traditionellen Annahmen in Frage gestellt werden: die Vorstellung vom symbiotischen, hilflosen, seiner Triebnatur ausgelieferten Wesen. Von Geburt an kommunizieren wir gemäß unseren Anlagen – gewisse Begabungen, Temperament, soziale Geschicklichkeit, körperliche Ausstattung –, die sich darauf auswirken, wie wir Beachtung auf uns ziehen, schenken, aufnehmen oder austauschen. Doch den Löwenanteil unseres Verhaltens, unsere Grundeinstellung, die Meinung über uns selbst und unser Vertrauen in andere Menschen lernen wir am Vorbild unserer Bezugspersonen. Von ihnen übernehmen wir die Definition dessen, wer und wie wir sind. Ihre Haltung und Einstellung formt unsere Entwicklung, durch ihr Modell lernen wir.

Ich denke, also bin ich?

Der Betrachtungsweise, dass innerseelische Prozesse mit zwischenmenschlichen verkoppelt sind, nähert sich in letzter Zeit auch die neue Hirnforschung. Das Selbst wird auch neurobiologisch nicht mehr als isoliert denkendes Zentrum gedacht im Sinne von Descartes' „Ich denke, also bin ich", sondern zunehmend als jeweils individuelle Verbindung von neuronalen Gruppen, zu deren Entstehung und Strukturierung zwischenmenschlicher Austausch von entscheidender Bedeutung ist. Das Eindringen anderer in das Bewusstsein und die Fähigkeit, „sich mit den Augen des anderen zu sehen", bildet überhaupt die Grundlage für das Gefühl eigener Identität – dies bestätigt inzwischen auch die moderne Neurobiologie (A. R. Damasio).

Wenn man versucht, die Frage „Wie wird man, wer man ist?" heute zu beantworten, gerät man genau an die Schnittstelle zwischen dem Einzelnen und den anderen, die in der englischen Sprache mit den Begriffen „I" (Ich) – wie ich mich sehe – und „Me" (Mich) – wie mich die anderen sehen – deutlich unterschieden wird. Dieser Blick der anderen – zunächst der Bezugspersonen und später des erweiterten sozialen Umfeldes – auf das eigene Selbst hat strukturierende Wirkung auf die zunächst noch formlose Innenwelt des Ichs. Persönliche Identität bildet sich also in der Auseinandersetzung mit außenvermittelten Zuschreibungen. „Sie finden, dass ich ein tüchtiger Mensch bin." Ich schätze diese Wahrnehmung ein, bewerte sie und finde: „Ja, das stimmt, denn immerhin habe ich einiges geleistet." Das Wort „beachtenswert" zeigt, was Identität ausmacht: die Verschränkung von Identifizierung („Ich achte dich"), Bewertung und Einschätzung („Ich fühle mich von dir geachtet, und ich kann mich achten") und Identifikation („Ja, ich bin ein beachtenswerter Mensch"), die zur Verinnerlichung („So will ich sein, das gehört zu mir") und zu

Identitätssicherheit und Identitätsbewusstsein führt („So will ich gesehen werden, und so stelle ich mich auch weiterhin dar").

Wenn Identität ein wechselseitiger Prozess ist zwischen Erkanntwerden und Sich-selbst-Erkennen, dann wird auch einsichtig, dass jede Zuweisung oder Bewertung, die ich anderen gebe, Rückwirkungseffekte auf mich selbst hat. Kurzum: Wenn ich anderen etwas Gutes tue, tue ich auch mir selbst etwas Gutes. Wenn ich andere beachte, achte ich mich auch selbst. Und umgekehrt, wenn ich mich dem anderen verweigere, dann verrate ich nicht nur ihn, sondern auch mich selbst. Wenn ich beispielsweise jemanden ausgrenze, ihn nicht anschaue, ihn schneide oder für „Luft" erkläre, so wirkt das immer auch auf mich selbst als Einschränkung und Verkümmerung meiner Identität zurück. Wenn Eltern zu ihrem Kind sagen: „Die darfst du nicht mit nach Hause bringen, sie ist zu schmuddelig ... Du darfst nicht mit diesen Kindern spielen, das ist kein guter Umgang für dich ... Die können wir nicht einladen, weil Papa sie nicht mag", wirkt solche Ausgrenzung nicht nur nach außen, sondern hat auch einen Rückwirkungseffekt auf einen selbst und die eigene Familie.

Entsprechend könnte man wechselseitige Beachtung als ein zentrales Ausbalancieren und Aushandeln von Identität auffassen. Sie gewährleistet Wertschätzung und Würde. Bleibt sie aus oder wird sie verweigert, so entzieht man sich gegenseitig den guten Boden und die weite Sicht, die das Leben lebenswert machen.

Der Kult des Scheins

Wenn den Menschen heute an etwas gelegen ist, dann ist es ihre Individualität. Individualität – das ist die Art und Weise, in der man sich von seinesgleichen unterscheidet. Menschen wollen unverwechselbar und unersetzbar sein. Individualität wird deshalb als Abgrenzung, Prägnanz und Besonderheit verstanden. Sie will sich zeigen und erkennbar werden. Doch auch Besonderheit ist ein knappes Gut, eine Ausnahme. Aber was besonders ist, das wollen eben alle.

In dieser Situation sind versierte Selbstdarsteller eindeutig im Vorteil. Sie verstehen es, Eigenwerbung zu betreiben, und dadurch geraten die Ruhigeren, Bescheidenen in den Hintergrund. Denn heute gilt: Wer sich zur Schau stellt und Selbstreklame betreibt, dem schenkt man seine Aufmerksamkeit. In unserer Zeit, die nicht nur schneller, sondern auch lauter und glänzender geworden ist, braucht es zunehmend mehr an Inszenierung und lautstarker Persönlichkeit, um überhaupt bemerkt zu werden. „Es ist wie im Bierzelt“, meint Georg Franck, „wenn schon alle laut reden, muss man auch selbst brüllen, um noch gehört zu werden.“ Wir leben in einer Zeit, in der die Selbstinszenierung und die Selbststeigerung zur Tugend geworden ist. „Das Schlimmste, was dir passieren kann heutzutage – wenn du schüchtern bist. Das ist noch schlimmer als hässlich sein“, so der Kommentar einer jungen Frau, die für das Fernsehen arbeitet. Wer Aufmerksamkeit auf sich ziehen will, muss auffällig sein oder zu extremen Mitteln greifen, um nicht von den anderen übertönt zu werden. Für ein paar Minuten Beachtung lassen viele freiwillig die Hüllen und Masken ihrer Eigenheit fallen und sich sozusagen teilweise „ent-eignen“.

Kein Wunder, dass wir in unserer Zeit eine Hochblüte der Schau- und Zeigelust, der Identitätsintensität und des öffentlichen Eindruckschindens erleben. Unsere Beziehungen leiden darunter, wir isolieren uns voneinander, weil wir uns zunehmend in den eigenen vier Wänden mit unserem PC, unserem „Büro im Haus“, einspinnen.

Man braucht aber Blicke, Hautwärme und Berührung, die man über einen Buddy oder Chat im Chat-Net nicht bekommen kann. Man muss auch real zusammensitzen, sich zeigen und gesehen werden. Eine 17-jährige Schülerin: „Ich hab’ meine Freundin schon ewig nicht mehr gesehen, aber wir mailen uns täglich. Irgendwie vermisse ich sie schon, vor allem um mal wieder richtig Blödsinn miteinander zu machen.“ Ein 19-jähriger Gymnasiast: „Früher bin ich halt um die Ecke gegangen und hab’ gefragt: ‚Kannste mir mal ’ne Fluppe geben?‘ Heute kannste dir ja nicht mal mehr ’nen müden Euro leihen, weil sie alle an ihren Maschinen rumhängen.“

Neu an unserem Lebensstil ist die hohe Professionalität und Technologie, mit der uns beigebracht wird, dass unsere Seelen und Körper plastizierbar, formbar und beeinflussbar sind. Jeder kann an sich arbeiten, jeder kann sich begehrenswert oder unwiderstehlich stylen, wenn er nur die richtigen Produkte benutzt.

Schon früh greift dieser Kult um die Attraktivität. Fragt man Kinder, was sie einmal werden wollen, so lauten die typischen Antworten: „Star“, „Fernsehstar“, „Sportler“, „berühmt“. „Die Welt ist eine Bühne“, sang Elvis Presley. Für den, der sich auf der Höhe der Zeit hält, in der Scheinen und So-tun-als-ob alles gelten, hätte schonungslose Echtheit wahrscheinlich fatale Folgen. Man kommt also nicht aus ohne ein bisschen Maskerade und Mitmachillusion. Das ist auch gut so, denn dabei sein ist allemal besser als nur stumm bleiben, neidisch sein und den anderen applaudieren. Was bleibt? Man kann „Ja“ sagen zum unumgänglichen Kult der Inszenierung und des Designs, und man kann zugleich „Nein“ sagen, insofern man sich davon nicht beherrschen und dadurch sein Wesen verbiegen oder entfremden lässt.

Ohne ein gewisses Maß an Selbstdarstellung kommt man nicht aus, wenn man gesehen werden will. Wir haben nicht die Wahl, Selbstdarsteller zu sein oder nicht, wir haben nur die Wahl, gute oder schlechte Selbstdarsteller zu sein. Sich selbst besser kennen zu lernen könnte ein Weg sein, um sich zwischen den geübten PR-Leuten in eigener Sache selbstbewusst und selbstsicher zu bewegen. Wie möchte ich mich zeigen? Was passt zu mir? Welche Qualitäten kann ich vermitteln? Das sind die Leitfragen, die dazu anregen können, sich zu fragen: Welche Art der Selbstdarstellung entspricht mir? Welche Haltung entspricht meinen Gefühlen?

Sich Beachtungswünsche zugestehen

Zwei Frauen unterhalten sich im Café. „Wie du das alles schaffst, immer topchic angezogen, immer gut drauf, jeden Tag joggen und dann noch die Super-Gastgeberin. Und jetzt gönnst du dir nicht mal ein Stück Kuchen." – „Das macht mir halt Spaß. Außerdem brauche ich das für mich, um mich wohl zu fühlen." – „Aber das bringt dir doch auch einiges, oder?" – „Wie meinst du das?" – „Na ja, halt, dass die anderen sagen, was du für eine tolle Frau bist." – „Das ist mir doch egal ... Das juckt mich doch nicht. Ich bin einfach so."

Wer wäre bereit zuzugeben, dass er arbeitet, lehrt, lernt, kocht, verkauft, Sport treibt, Diät hält, weil er Beachtung braucht? Weshalb verstecken wir diesen Wunsch so geschickt und behaupten: „weil es Spaß macht", „weil es mich so interessiert", „weil ich mir so besser gefalle", „weil das erwartet wird"? Wenn wir doch alle Beachtung brauchen, dann könnten wir doch einfach offen zugeben, wie es um uns steht, oder? Leider funktioniert das nicht.

Testen Sie sich selbst. Wie schwer fällt es Ihnen, zuzugeben, dass Sie manchmal gern im Mittelpunkt stehen? Oder wenn Sie sich dabei ertappen, viel herumzutelefonieren, dass Sie eigentlich Beachtung brauchen?

Die meisten Menschen geben ihr Bedürfnis nach Beachtung nicht offen zu, weil sie sich dafür schämen. Zwar haben wir keinen Grund, uns minderwertig zu fühlen, weil Beachtung ja etwas ist, das alle brauchen. Aber das entlastet nicht wirklich. Unser Wunsch nach Beachtung erscheint als persönlicher Makel nach dem Motto: „Wenn du das nötig hast, dann bist du eitel, bedürftig, gefallsüchtig, gierig oder abhängig." Oft reicht es schon aus, wenn wir meinen, dass andere so oder ähnlich über uns denken könnten.

Mit dieser Einstellung beginnt ein Teufelskreis, denn je mehr wir uns diesen Wunsch versagen, desto unbewusster und unbeherrschbarer wird er. Wenn Menschen sich ihren natürlichen Beachtungshunger versagen, sind sie ihm ausgeliefert. Sie müssen sich verstecken vor ihren eigenen Bedürfnissen und vor dem Ertapptwerden durch andere. Und sie werden blind gegenüber ihren Aktivitäten und so genannten Sachzwängen. Also nochmals: Je mehr wir unser Bedürfnis nach Beachtung verstecken, desto unbewusster und mächtiger wird es.

Viel einfacher wäre es, sich bewusst zuzugestehen: Ja, ich möchte gesehen werden. Dieses Bedürfnis motiviert mich und bestimmt mein Verhalten, Tun und Handeln. Es prägt meinen Umgang mit Situationen, mit meiner Arbeit und mit Menschen. Je bewusster das Bedürfnis und der Umgang mit Beachtung ist, desto größer sind die Chancen, dass wir uns aus seiner Versklavung lösen können und bei Begegnungen außer dem Austausch von Beachtung auch noch anderes bewirken können. Vergleichbar ist dies mit dem Umgang mit Nahrung. Wer sich das Verlangen nach Nahrung zugesteht, kann nicht nur nehmen, er kann auch genießen.

Wenn wir uns bewusst mit unserem Bedürfnis nach Beachtung auseinandersetzen und anderen zeigen, was wir brauchen, bleibt das natürlich nicht ohne Wirkung. Zu sagen: „Das bin ich wirklich. So fühle ich. Das ist es, was ich brauche", kann mit Menschen, denen wir nahe stehen, Nähe und Intimität erzeugen. Im günstigen Fall erzielen wir durch diese Offenheit Verständnis und positive Resonanz bei unseren Nächsten und ermöglichen auch ihnen, sich zu zeigen. Wir können aber auch Fluchtimpulse auslösen, weil andere unwillkürlich an die eigene Bedürftigkeit erinnert werden. Aus Selbstschutz ziehen sie sich zurück, weil sie mit ihren eigenen verdrängten Wünschen konfrontiert werden. Diese Wünsche können Ängste auslösen, weil sie einen zentralen Punkt des Angewiesenseins auf andere berühren.

Die wichtigste Person, vor der wir solche Wünsche verbergen, sind aber oft genug wir selbst. Wir schauen nicht hin und finden Ausflüchte oder Rationalisierungen, um zu leugnen, worum es uns eigentlich geht. Häufig höre ich: „Die wollen alle etwas von mir." – „Ich kann mich gar nicht retten vor Angeboten." – „Mein Handy klingelt rund um die Uhr." – „Meine Stellung verlangt es, dass ich mich sehen lasse." – „Wenn ich nicht so hilfsbereit wäre, wer tut es denn dann?" – „Wenn ich nicht mitmachen würde, wäre ich sofort ‚out'." Solche Erklärungen und Rechtfertigungen verbergen das Wesentliche – das Verlangen nach Beachtung. Wie viel erfrischender und einfacher ist es, wenn jemand offen bekennt: „Hör mir mal zu!" – „Schau, was ich gemacht habe!" – „Nimm mich mal in den Arm!" – „Schenkst du mir ein paar Minuten?"

Beachtung einladen

Es gibt Menschen, die verstehen es meisterlich, Beachtung auf sich zu lenken. Sie haben es leichter als andere. In Restaurants und Geschäften werden sie schneller und zuvorkommender bedient, Polizisten drücken wegen kleiner Verkehrssünden bei ihnen eher ein Auge zu. Sie werden gern eingeladen und haben Beachtungssiege auch beim anderen Geschlecht. Wie kommt das? Wie schaffen sie es?

Hängt es vom Alter ab oder vom Geschlecht? Von der Intelligenz oder vom Bildungsstand? Ich glaube nicht. Besitzen sie ein Naturtalent? Oder verfügen sie über Eigenschaften, die man auch erwerben kann? Wahrscheinlich ist es beides. Ein offenes, heiteres Naturell hat es leichter, anziehend zu wirken. Jemand, der Leichtigkeit und Freude ausstrahlt und eine positive Haltung zu den anderen und sich selbst an den Tag legt, wirkt sympathisch. Solch eine Haltung steckt die Empfänger an und wirkt zurück auf den Sender. Die Volksweisheit bringt es auf den Punkt: Wie man in den Wald hineinruft, so schallt es heraus.

Solch eine Einstellung kann man sich auch aneignen. Der geistige Treibstoff dafür sind positive Gedanken, die man seinem Gegenüber schickt. Das können Sie mit Hilfe Ihrer Phantasie leisten. Sie müssen Ihr Gegenüber nicht unbedingt heiß lieben, aber Sie können ihm signalisieren: „Ich interessiere mich für dich“ oder „Ich mag dich“ oder „Mich interessieren deine guten Seiten und Stärken“. Solche Gedanken stecken an. Sie wirken nicht nur auf die Stimmung, sondern auch auf die Stimme. Die Stimme wird weicher, weil sie aus dem Herzen kommt. Und die Stimmung wird ermutigend, baut den anderen auf und wirkt zurück auf den, von dem sie ausgeht. Einem Menschen, der gut gestimmt und mit einer warmen Stimme auftritt, dem schenkt man gern Beachtung und möchte mit ihm in Kontakt treten.

Ich denke an eine ältere Dame, die ihre Enkelkinder immer an Weihnachten besuchte. Die Kinder erzählten ihr mit wahrem Feuereifer, was sie übers Jahr erlebt, unternommen und geplant hatten. Und sie hörte nicht nur geduldig zu, sondern fragte auch echt interessiert nach. Sie ließ sich gern korrigieren, wenn sie etwas nicht verstand oder wieder vergessen hatte. Sie machte sich die Sorgen und Wünsche ihrer Kleinen regelrecht zu Eigen, so dass die Kinder spürten: Sie interessiert sich wirklich für uns. Wer so viel echte Beachtung schenkt, zu dem schöpft man Vertrauen und erzählt gern.

Beachtung kann man aufgrund äußerer Qualitäten erhalten. Warum sollte man nicht den Wagentyp fahren, der gerade angesagt ist? Ein wenig Bauch zeigen oder Designerkleidung tragen? Warum nicht durch Reisen in exotische Länder oder elegante Umgangsformen auffallen? Man braucht diese Qualitäten und Accessoires nicht von vornherein abzuqualifizieren. Es wäre aber traurig bestellt, wenn wir nur durch oberflächliche Qualitäten Beachtung erhalten würden. Tatsächlich können uns auch innere Werte und Haltungen beachtenswert machen. Echtes Interesse an anderen, Mitgefühl, Loyalität, das sind Werte, die man zeigen kann. Oder sich mit anderen freuen, nach ihnen fragen, mit ihnen lachen, sie trösten und ermutigen.

Beachtung schenken heißt also: Ich frage, ich gebe, ich wende mich zu, ich lächle sie an und gehe auf sie zu. Also nicht abwarten, bis ich angesprochen werde, sondern den ersten Schritt tun; nicht wegschauen, sondern hinschauen; nicht ständig selbst reden, sondern aufmerksam zuhören, fragen und ansprechen. So wird man für andere im wahrsten Sinn des Wortes „ansprechend" und einladend. Natürlich gehört dazu auch die Achtung, die ich für mich selbst empfinde. Versuchen Sie einmal mit dieser inneren Einstellung Beachtung einzuladen. Sie werden die Erfahrung machen: Es wirkt.

Wenn es von innen her kommt, wirkt es sogar langfristiger als die Beachtung, die den Selbstdarstellern mit den auffälligen Fassaden zufliegt.

Es gibt einen wichtigen Botenstoff dafür: Präsenz; das heißt: im Hier und Jetzt, im Augenblick leben. Eine Präsenz, die darüber hinaus auch noch mit Freundlichkeit gepaart ist, bedeutet eine Einladung, der man nicht widerstehen kann. Sie gibt dem anderen das Gefühl, im Mittelpunkt zu stehen. Er empfindet: Ich bin gemeint, ich bin wichtig, mir wird zugehört, und zwar offen und freundlich. Freundlichkeit ist das sicherste Transportmittel für Beachtung.

Und die anderen, die unfreundlich sind, die im Schatten stehen oder immer wieder übersehen werden? Gerade sie sind auf freundliche Beachtung angewiesen. Wenn sie die Erfahrung machen: Ich bin gemeint, ich werde beachtet, jemand interessiert sich für mich, werden sie sich selbst mehr Beachtung schenken und dadurch auch für andere anziehender und sympathischer werden. Jeder Mensch hat bestimmte Seiten, Eigenarten oder Gaben, die beachtenswert sind. Man muss sie nur erkennen wollen. Wer andere beachtet, lädt nicht nur mehr Beachtung ein. Er sieht auch mehr und kann bei anderen immer wieder Neues entdecken, was beachtenswert wäre. Ein Engelskreis!

Der Platz an der Sonne

Ich versuche mich an einen Augen-Blick der Beachtung zu erinnern. War es der von Herzen kommende Gruß beim Einkaufen? Das aufrichtig gemeinte „Wie geht es dir?" des Kollegen? Dieser bestimmte Blick? Ein Kompliment? Der warme Händedruck des Postboten? Oder die morgendliche Umarmung? Ich empfinde diese Momente nochmals nach und merke, dass es die kleinen Aufmerksamkeiten sind, die dazu beitragen, dass man sich zugehörig und wahrgenommen und dadurch besser und lebendiger in seiner Haut fühlt. Ist da Eitelkeit mit im Spiel? Vielleicht. Aber was wäre denn ein Leben ohne diese wärmenden und inspirierenden Zutaten? Man braucht nur zu beobachten, wie jemand auflebt, wenn man ihm auf irgendeine Weise kundtut, dass man ihn beachtet. Ob es nun die Verkäuferin, der Kollege, der Nachbar oder der Freund ist, jeder kann dies erproben und dabei feststellen, dass es nur wenig braucht, und der andere lebt sichtbar und fühlbar auf. Ist Ihnen schon einmal die Verwandlung aufgefallen, wenn jemand am Telefon mit Ihnen spricht, der etwas Liebenswürdiges zu Ihnen sagt?

Beachtung ist das Einfachste, Billigste und Schönste, das man schenken kann. Würde man eine Hierarchie der Bedürfnisse aufstellen, so käme das Bedürfnis nach Beachtung noch vor dem Wunsch nach Sexualität. Ohne Sexualität können Menschen über längere Strecken auskommen, aber ohne Zuwendung würden ihre Seelen schon nach kurzer Zeit zu frieren beginnen. Der Zauber, der von empfangener Zuwendung ausgeht, übertrifft die Magie der Sexualität, denn das Bedürfnis nach Beachtung ist gewaltiger und existentieller als der Wunsch nach Sexualität. Häufig versteckt sich hinter sexuellem Austausch letztlich der Wunsch nach Beachtung, meinte der Psychotherapeut Wolf Büntig. Nicht wissend, dass sie geleitet sind vom Bedürfnis nach Aufmerksamkeit und Beachtung, betätigen sich zahllose Menschen sexuell, ohne jemals die Erfüllung zu finden, nach der sie so begierig suchen – nämlich nach Beachtung.

Wo immer Menschen zusammenkommen, geht das Gerangel um Beachtung los. Schon bei kleinen Geschwistern und später im Kindergarten geht es darum, wem man mehr Aufmerksamkeit und Beachtung schenkt, wer es schafft, durch ein Lächeln, durch Charme, verbale, kreative oder aggressive Aktivitäten das Interesse und die Aufmerksamkeit an sich zu fesseln. Immer geht es um den berühmten „Platz an der Sonne". Wie mobilisiere ich Verbundenheit, Zustimmung, Gefolgschaft, Sympathie und Unterstützung?

Ein aufschlussreiches Beispiel dafür ist die Sitzordnung in Gruppen oder Seminaren. Überlegen Sie, wo würden Sie sitzen, wenn Sie vom Gruppenleiter Beachtung erhalten wollten? Ich nehme an, Sie sagen „gegenüber", weil es in der Tat so ist. Wer dem Leiter oder dem Lehrer gegenübersitzt, hat mehr Chancen beachtet zu werden. Und umgekehrt: Sie wollen nicht bemerkt werden, weil Sie sich schlecht fühlen oder Ihre Hausaufgabe nicht erledigt haben. Wahrscheinlich werden Sie sich außer Sichtweite des Leiters, also entweder seitlich, nach hinten oder in eine abgelegene Ecke setzen. Auch als Gruppenleiterin fällt mir oft auf, dass Teilnehmer, die sich mit mir auseinandersetzen und ihren eigenen Standpunkt einbringen wollen, sich mir gegenübersetzen. Und andere, die möglichst unbehelligt bleiben wollen, wählen am liebsten Plätze, die sich außerhalb meines Blickwinkels oder in Türnähe befinden. Beachtung hängt also auch von äußeren Faktoren wie Sitzordnung, Räumlichkeit, Blickwinkel, Helligkeit, Kleidung, Farben ab: Faktoren, die manchmal banal sind, die aber dennoch ihren Einfluss darauf haben, ob Beachtung angezogen oder vermieden wird.

Die heißen Diskussionen um die Tischordnung bei Konfirmationen, Geburtstagen, Hochzeiten oder anderen Festivitäten sind letztlich immer auch mehr oder weniger versteckte Verteilungskämpfe um Beachtung. Wer wird eingeladen? Wer wird neben wen gesetzt? Wer darf im Mittelpunkt sitzen? Wer muss in die

Ecke? Wer darf sich zeigen? Wer muss versteckt werden? Wen will man nicht dabeihaben? Diese Fragen mögen trivial erscheinen. Aber sie haben einen großen Einfluss auf den Austausch und die Beziehungen der Beteiligten.

Eine gut aussehende, erfolgreiche junge Enddreißigerin, die zum Geburtstag ihrer Freundin eingeladen war, berichtet: „Bei der Geburtstagsfeier ist mir endlich ein Licht aufgegangen – ich musste bei den Jugendlichen am Tisch sitzen, die alle viel jünger waren als ich, also möglichst weit weg von den interessanten Männern, damit bloß kein Kontakt entstehen konnte – ich könnte ja einen wegschnappen. Meine liebe Freundin, die mir immer wieder versicherte, dass sie mit mir überhaupt nicht konkurrieren würde, hat mir dadurch bewiesen, wie sie wirklich zu mir steht. Was jemand sagt, zählt für mich nicht, sondern was er tut. Nun habe ich ihre Antwort – ab in die Kinderecke."

Diese Frau fühlte sich zu Recht „abgeschoben", denn sie erhielt einen Platz im Abseits. Oft zeigt die praktische Umsetzung viel deutlicher als Worte, wem wie viel oder wie wenig Beachtung eingeräumt wird. Wer achtsam ist, macht sich bewusst, dass das eigene Handeln von anderen interpretiert wird. Außerdem wird er sich bemühen, die Sichtweisen des anderen zu kennen und zu berücksichtigen.

Dennoch lässt sich beim Thema Beachtung kein Katalog starrer Verhaltensanforderungen aufstellen. Entscheidend ist die Haltung, dem anderen respektvoll Bedürfnisse und Rechte einzuräumen. Dazu gehört zum Beispiel das Recht auf Wohlbefinden bei einer Einladung oder einem Treffen. Aber auch das Recht auf Diskretion sowie das Recht, gemocht werden zu wollen, das Recht auf eigene Anschauungen und Urteile, das Recht, sich zu erklären und verstanden werden zu wollen.

Zehn freundliche Minuten

Menschen kultivieren ihr Bedürfnis nach Nahrung. Sie nehmen sich Zeit für Geschäftsessen, gemütliche Abendessen, Festessen. Warum sollte man dem Bedürfnis nach Beachtung nicht auch bewusst Zeit und Raum schenken? Ein kleines Ritual verbessert die Atmosphäre, fördert ein positives zwischenmenschliches Klima, schafft freundliche Kommunikation und unterstützt den Einzelnen, sich respektiert und angenommen zu fühlen. Freundlichkeit ist der Überträger, der Vermittler von Beachtung, und zwar grundlose Freundlichkeit. Ob Sie zu zweit, zu dritt oder im großen Kreis sind, spielt bei diesem Ritual keine Rolle. Hauptsache, jeder gibt dem anderen freundliche Beachtung, die von ihm selbst ausgeht.

Ich schlage Ihnen vor, die so genannten „zehn freundlichen Minuten“ einzuführen. Wirkliche Beachtung wird erheblich verbessert, wenn wir bestimmte Inhalte weglassen und andere bevorzugen. In diesen Minuten können Sie alles sagen, was Sie an Ihrem Gegenüber freut, was Sie gut finden und was Ihnen in der letzten Zeit gefallen hat. Verzichten Sie auf Vorwürfe, Beschwerden und Kritik. Bevorzugen Sie Aussagen zur gegenwärtigen Situation, die gezielt Raum für achtungsvolle und freundliche Kommunikation schaffen. Sprechen Sie nicht über Abwesende und geben sie dem Analysieren und Psychologisieren keinen Raum.

Folgende Spielregeln möchte ich dafür vorschlagen:

Sprechen Sie wohlwollend und freundlich miteinander.
Überlegen Sie, was Sie an Ihrem Gegenüber schätzen.
Hören Sie einander zu und genießen Sie es, wenn Sie Positives über sich hören.
Kritik, Vorwürfe und Beschwerden werden an anderer Stelle geäußert.

Falls Sie Schwierigkeiten beim Formulieren haben, schlage ich ein paar Satzanfänge vor, die den Einstieg erleichtern:

Wie kann ich beginnen?

„Heute hat mich besonders gefreut, dass du ..."
„Gestern fand ich schön, dass du mir beim ... geholfen hast."
„Ich möchte mich bei dir dafür bedanken, dass du ..."
„Als es mir schlecht ging, warst du mir ..."
„Es hat mir geholfen, dass du ..."
„Mir ist aufgefallen, dass du ..."
„Gestern beim Aufräumen fand ich es schön, wie du ..."
„Seit einiger Zeit merke ich, wie du ..."

Wie fühlt sich das an, so zu sprechen? Vielleicht zunächst ungewohnt, aber mit der Zeit werden Sie erleben, wie sich das Klima tiefgreifend verwandelt. Auf dem Weg zu einer neuen Haltung können solche konkreten Sätze eine Starthilfe sein, um „in die Gänge zu kommen". Die direkte Zuwendung, die dem anderen das Gefühl gibt „Ich werde gesehen", erreicht den anderen unmittelbar. Das Vehikel Freundlichkeit ist eines der schnellsten und wirksamsten Beachtungsspender. Es platziert uns, definiert unsere Identität und unser Selbstwertgefühl. Warum sollte man seine Beachtung nicht bewusst verschenken und verschwenden? Das verbessert das zwischenmenschliche Klima in jeder kleineren oder größeren Gruppe.

Heute schon gelächelt?

„Lächeln ist die schönste Art, der Welt die Zähne zu zeigen." An diesem Ausspruch ist durchaus etwas Wahres dran. Schauen Sie einmal in den Spiegel und lächeln Sie sich an. Vorausgesetzt, Ihr Lächeln ist echt, werden Sie sehen, wie entspannt und sympathisch Sie aussehen können. Wenn Ihre Augen nicht mitspielen, dann werden Sie vielleicht entdecken, wie maskenhaft Lächeln wirken kann. Echtes Lächeln wird von jedem als Zeichen wohlwollender Beachtung und Zuwendung verstanden.

Warum sollte man sich also nicht öfters daran erinnern: Heute schon gelächelt? Allerdings heißt das nun nicht, dass wir ständig lächeln sollten. Es muss echt sein und aus einer inneren positiven Haltung kommen, sonst wird es leicht inflationär. Stellen Sie sich jemanden vor, der ständig lächelt. Wahrscheinlich werden Sie solch ein Lächeln als nicht sehr persönlich gemeint empfinden.

Wenn es etwas zu lächeln gibt, tun Sie es, wann immer Sie diesen Impuls fühlen. Mit einem Lächeln, das vom Herzen kommt, ernten Sie nicht nur Beachtung. Sie leisten auch das Optimale für Ihre eigene Ausstrahlung. Es gehen in der Tat positive Strahlen von Menschen aus, die ein Lächeln schenken. Es wirkt einfach offen und strahlend, wenn sich die Gesichtsmuskeln zu einem Lächeln entspannen.

Vielleicht erinnern Sie sich an überraschendes Lächeln, das Ihnen jemand kürzlich geschenkt hat. Wer lächelt, bewegt zwar die Muskeln, spart aber Energie. Schon allein deswegen, weil man nur etwa die Hälfte der Muskeln einsetzt, die man bräuchte, um eine düstere Miene aufzusetzen. Ein aufmunterndes Lächeln kann Menschen mit Vertrauen aufladen, noch ehe sie überhaupt darüber nachdenken. Wer zum Kontaktauftakt ein Lächeln aussendet, signalisiert: Keine Angst vor mir! Ich bin dir wohl gesinnt!

Der Organismus bedankt sich beim Lächelnden mit einem

Glückscocktail an körpereigenen Opiaten. Warum wir uns nach diesem Mund-Augen-Spiel optimistischer und souveräner fühlen, das können sogar die Hirnforscher beweisen. Bügeln Sie Ihren gestressten Mitmenschen die angestrengten Stirnfalten mit einem Lächeln weg. Ein Moment, und sie spüren Erleichterung, auch wenn ihr Wiederlächeln erst einmal unsicher ausfällt. Ein Lächeln im Gesicht sagt mehr als tausend Worte, es ist schön anzusehen, mildert die Spannungen, schenkt Selbstvertrauen. Niemand braucht ein Lächeln mehr, als die, die keines mehr zu geben haben.

Muster des Beachtungshungers durchschauen

Die 41-jährige Kindergärtnerin trägt fast immer ein freundliches Lächeln zur Schau. Als eine Kollegin sie darauf ansprach, ob ihr eigentlich bewusst sei, dass sie chronisch lächle, selbst wenn sie ärgerlich oder enttäuscht sei, war sie zunächst verdutzt. Dann fiel ihr aber ein, wie sie von ihrem Vater immer wieder ermahnt wurde: „Mach doch nicht so ein dummes Gesicht – lächle." Noch heute bemüht sie sich angestrengt und unablässig, dem Bild einer freundlichen, fleißigen Frau zu entsprechen. Sie möchte gesehen und anerkannt werden, und dafür bezahlt sie diesen Preis: nach außen hin eine ewig lächelnde, glückliche Frau zu sein, die nicht einmal mehr merkt, wie es ihr geht.

Es gibt offensichtlich einen Unterschied zwischen dem, was wir tun, und dem, was wir wirklich fühlen und brauchen. Indem man sich aber mit seinen eigenen, meist unbewussten Mustern auseinandersetzt, läuft es schon nicht mehr ganz so unbewusst ab.

Womöglich sind Sie jetzt schon hellhörig geworden für Ihr eigenes Muster, wie Sie Dinge tun und eigentlich etwas anderes damit bewirken wollen. Weil so vieles zum Fokus von Beachtungshunger werden kann und von Mensch zu Mensch so verschiedenartig ausfällt, möchte ich ein paar typische Muster vorstellen, deren Gebrauch häufig als Ablenkungsmanöver benutzt wird.

Ich helfe gern

„Natürlich helfe ich dir gern." – „Mache ich für dich." – „Brauchst du Hilfe beim Umzug?" – „Du kannst immer auf mich zählen." – „Du brauchst mir nichts dafür geben. Ich helf' doch gern." Die Rolle des stets Hilfsbereiten ist eine Spielart, sich Beachtung zu verschaffen, nämlich indem man sich unentbehrlich macht. Solche Menschen sind davon überzeugt, dass sie nur dann Zuwendung von anderen bekommen, wenn sie möglichst aufopfernd und stets verfügbar sind. Ihr Gefühl, nicht gut genug zu sein, wird durch die Zuwendung und Hilfe für andere bekämpft. Ihnen ist nichts zu viel, selbst wenn sie über ihre eigenen Kraftreserven hinausgehen. Sie verlangen auch nie etwas für sich und sind deshalb bitter enttäuscht, wenn die Freunde sich nicht dankbar erweisen oder alles für selbstverständlich halten. Das Problem dieser Haltung ist der mangelnde Ausgleich zwischen Geben und Nehmen. Findet er nicht statt, so entsteht ein Ungleichgewicht. Wenn man nur gibt und nichts für sich in Anspruch nimmt, dann steht man sich letztlich selbst im Weg. Man wird ausgelaugt, wenn nicht gar böse, weil man mehr gibt, als man bekommt. Und es kann passieren, dass die Menschen, für die man sich so einsetzte, dennoch verschwinden. Eine Krankenschwester beschreibt das zutreffend: „Wie oft bin ich schier über meine eigene Leiche gegangen, nur weil es wieder irgend jemandem schlecht ging. Selbst nachts konnte man mich erreichen, obwohl ich eigentlich völlig erschöpft war. Es war, als würde ich auch ständig Situationen anziehen, wo es zu helfen oder zuzupacken galt; selbst meine Gästeliege war immer von irgendjemandem belegt, obwohl ich mir immer vornahm, mal ein Wochenende allein zu verbringen. Ich kann das Gefühl nicht loswerden, dass man mich ganz schön ausgenutzt hat. Aber irgendwie weiß ich auch, dass ich mir das selbst einbrocke."

Ich übertreibe gern

Wenn jemand also allzu laut in seine Trompete bläst, dann kann man in der Regel davon ausgehen, dass der Ruf stets heißt: Beachtet mich! Bewundert mich! Gebt mir Beifall! Leicht erkennt man das Übertreiben auf der Sonnenseite seines Wortschatzes: „super", „der/die Beste", „perfekt", „wunderbar", „irre toll" und ebenso auf der Schattenseite: „katastrophal", „abartig", „scheußlich", „ekelhaft", „alles Idioten". Wenn man solch einen Menschen trifft, so kann man sicher sein, dass sein Kopfweh, seine Depression, seine Knieprobleme stets noch viel unerträglicher sind als die der anderen. Es sind Menschen, die an das Wörtchen

„mehr“ glauben. „Ich wäre glücklich, wenn ich mehr ... hätte“, „Eigentlich würde ich mehr ... verdienen“, „Mehr ist besser“. Schlägt man nach endloser Debatte ein Lokal vor, weiß er „einfach das Allerbeste“. Und wie belanglos und miefig wirkt dann das eigene Leben im Vergleich zu dem, was er wieder an Beeindruckendem erlebt hat. Solche Leute sagen in Bezug auf andere Menschen: „Es ist schon eine Last, wenn man so perfekt ist wie ich.“

Ich bin so hilflos

„Du musst mir unbedingt zuhören, mir geht's so fürchterlich. – Ich brauche dich aber jetzt.“ Oder: „Nimm doch Rücksicht auf mich, ich habe fürchterliches Kopfweh.“ Oder: „Ich kann nicht mitmachen, mein Rücken tut mir so weh.“ Oder: „Kannst du mir aus der Patsche helfen, du bist doch meine Freundin, oder? Ich hab' dir ja neulich auch dein Kind gehütet.“ Oder: „Ich bin im Moment total pleite – kannst du nicht bezahlen? Wenn ich mal wieder bei Kasse bin, werde ich es dir sicher irgendwann zurückgeben.“ Oder: „Ich weiß, du hast viel um die Ohren, aber ich möchte verreisen und brauche dringend jemanden, der meine Katze hütet.“

Diese Menschen gehen davon aus, dass alle anderen ihnen etwas schuldig seien. Sie üben Macht über ihre Mitmenschen aus und versuchen durch Forderungen, sich das einzuklagen, worauf sie ein Anrecht zu haben meinen. In der Therapie beklagt sich eine Frau, dass ihr Mann ihr so wenig gebe. „Er ist schuld, dass es mir so schlecht geht. Er müsste nur ein bisschen mehr auf mich eingehen und verstehen, dass ich eben viel Aufmerksamkeit brauche. Warum soll immer ich auf ihn zugehen? Soll *er* doch! Er kann doch von Glück reden, dass ich mich überhaupt auf ihn eingelassen habe, wenn ich an die vielen denke, die ich seinetwegen abblitzen ließ.“ Auf den ersten Blick wirkt diese Taktik mitleiderregend, geht es der Betroffenen doch so schlecht. Aber die wahre Ursache ist erlernte Hilflosigkeit, Egozentrik und eine Anspruchshaltung, die dem Partner Schuldgefühle verursachen soll. Nicht nur ihr Partner, auch die Freunde lassen sie immer irgendwie „hängen“ und zeigen zu wenig Verständnis für ihre Bedürftigkeit.

Wenn es jemandem in ihrem Umfeld schlecht geht, dann geht es ihr im Vergleich dazu immer noch viel schlechter. Es ist schwierig, neben ihr einen Platz zu finden, weil sie nur die eigenen Wünsche nach Beachtung wahrnimmt.

Ich habe Recht

„Ich sehe das ganz anders." – „Du hast keine Ahnung." – „Du siehst das falsch." – „Hör auf mit deinen Gefühlen." Es ist schwierig, mit Menschen, die eine derartige „Rammbockphilosophie" vertreten, einen konstruktiven Dialog einzugehen. Solche Menschen setzen lieber andere herab, als sich selbst zu verbessern. Man könnte fast meinen, dass sie einen „Überlegenheitskomplex" haben. Offensichtlich leiden sie aber unter einem Minderwertigkeitskomplex, weil sie es nötig haben, andere herabzusetzen. Auch wenn dahinter ein gereizter Wunsch nach Nähe steckt, so stößt diese Art, sich Beachtung zu verschaffen, andere vor den Kopf. Wenn man auf andere losgeht, kann man nicht erwarten, dass sie stehen bleiben.

„Ich möchte Recht haben, weil mich das zufrieden macht", bemerkte ein Geschäftsmann. Schon früh mag er wohl gelernt haben, dass das Rechthaben ihm Sicherheit gibt. Es beschützt vor der Angst oder dem Zweifel, dass er es nicht wert ist, beachtet zu werden. Rechthaben ist zwar kurzfristig für einen selbst befriedigend, aber es macht einsam. Auch wenn die Rechthaber meinen, den Respekt der anderen auf ihrer Seite zu haben, irren sie sich. Ihre Mitmenschen fühlen sich von ihrem „Ich habe Recht" oft abgestoßen und bringen ihnen alles andere als Zuneigung entgegen. Wann immer Menschen sich darüber beklagen, dass andere ihnen nicht zustimmen, obwohl sie Recht haben, frage ich sie, ob sie lieber Recht haben oder glücklich sein wollen. Mitunter kann man vielleicht beides haben. Aber in der Regel zahlt man einen hohen Preis für seine Rechthaberei. Zeigt es sich doch, dass diese Strategie nicht wirklich erfolgreich ist. Man mag mit seinem profunden Wissen zwar eine Weile beeindrucken, aber wer gut ankommen will, sollte positive Signale senden. Die halten länger vor.

Ich mache mich klein

„Was ich nicht will, dass man mir tu, füg' ich mir vorher selber zu!“ Das könnte die Devise derjenigen sein, die sich selbst klein machen, kritisieren oder anklagen. Selbstkritik an sich ist eine produktive, bewundernswerte Qualität. Jeder Mensch braucht sie, um sich weiterzuentwickeln und an seinen Fertigkeiten zu feilen. Ausgeprägt selbstkritisches, abschätzendes und selbstverkleinerndes Verhalten beinhaltet jedoch eine machtvolle Aussage über das eigene Selbstwertgefühl. „Nichts kann ich recht machen“, „Egal, was ich in die Hand nehme, die Katastrophe ist schon vorprogrammiert“, „Ich bin ein richtiger Idiot“, „Ich bin einfach zu blöd“, „Ich fühle mich dick wie ein Schwein“. Menschen, die derart erbarmungslos über sich herfallen, sind in der Regel sehr unsicher. So schädlich ihr Verhalten zunächst scheinen mag – ihre Selbstvorwürfe nehmen jede nur mögliche Kritik der Umwelt vorweg und machen sie dadurch kontrollierbar, oder sie verlocken andere dazu, diese Selbstkritik abzumildern oder Schonung walten zu lassen. Überempfindlich gegen Kritik von außen hoffen solche Menschen gleichzeitig auf Ermutigung, Unterstützung oder Sympathie. Wichtig ist für sie die Resonanz der Umwelt. Übergeht man ihre Selbstangriffe, so wird das als Zustimmung zu ihrer Selbstkritik aufgefasst. Der in den Selbstanklagen ausgedrückte „Hunger“ nach Beachtung zeigt einen Zustand an, in dem der Betroffene sich selbst nicht mehr zutraut, sein Bedürfnis zu erfüllen. Gleichzeitig erwartet er von der Umwelt, dass sie ihm sozusagen diese Arbeit abnimmt. Es ist, als würde er sagen: „Ihr habt es besser als ich, ich möchte auch haben, was ihr habt, gebt es mir doch, ohne dass ich mich bemühen muss.“ Wann immer man solch einem erbarmungslosen Selbstkritiker begegnet, kann man sicher sein, dass man es mit jemandem zu tun hat, der viel aufbauende Bestätigung und Nähe braucht.

Ich mache euch herunter

„Wer mich nicht beachtet, ist meiner auch nicht würdig.“ So oder ähnlich könnte das Motto derer sein, die zur Notwehr des Heruntermachens anderer greifen. Wer nicht an die ersehnte Beachtung kommt, dem bleibt immer noch die Möglichkeit, andere mit Verachtung zu bestrafen. Man erkennt dieses Verhalten schon am wegwerfenden Tonfall, mit dem über andere geredet wird, die „alles Dummköpfe“, „Idioten“, „Flaschen“ oder „Schlafpillen“ sind. Mitunter kleidet sich die Herabsetzung in Sorge: „Ich mag sie ja, aber ...“, „Ich bin ja tolerant, aber wie der sich wieder aufgeführt hat ...“, „Schon schlimm, dass er gekündigt wurde, aber wenn ich sein Chef wäre, hätte ihm das schon früher geblüht“. Wie das rettende Heruntermachen auch verpackt sein mag – als Witz, pervertierte Sorge oder beredtes Schweigen – es ist immer verächtlich, abschätzig, manipulativ oder überheblich. Der Preis dafür ist hoch und die Ernte gering – denn meist reagiert auch die Hörerschaft mit Geringschätzung. Nicht nur, weil es die Quelle einer besonders verbreiteten Form des alltäglichen Bösen ist, sondern weil der Betroffene sich in seiner Selbstachtung am meisten schädigt. Denn solches Verhalten offenbart ein mangelhaftes Selbstwertgefühl, einen allzu auffälligen Drang nach Selbstverstärkung. So wird der, der andere heruntermacht, häufig selbst zum Opfer seines eigenen Systems, ohne es zu merken, und entstellt sich selbst. Will man die Motive dafür herausfinden, so verrät die Wahl der Zielscheibe und des Umfeldes einiges: Ist es ein Berufskollege oder ein Konkurrent, so steckt meist eine Saure-Trauben-Politik, Eifersucht, Ressentiment oder Rache dahinter. Geht es um gemeinsame Bekannte, so geht es darum, die anderen zu manipulieren und ebenfalls zu Missachtung zu bewegen. Geht es um Fähigkeiten und Kompetenzen anderer, dann liegt es nahe, den Blick auf die Fähigkeiten des Missgünstigen zu richten.

Ich kontrolliere alles

Jemand ruft an und sagt: „Warum hast du mich nicht angerufen? Seit gestern warte ich, dass du dich meldest!“ Oder: „Warum hast du mir nicht gesagt, dass du ins Kino gehst? Ich wäre auch gern mitgegangen.“ Oder: „Es tut mir so gut, bei dir zu sein. Ich habe mir überlegt, ich bleibe noch übers Wochenende. Du hast doch nichts dagegen?“ Die so genannten „Kontrolleure“ betrachten Zeit und Raum der anderen als Erweiterung ihrer selbst und stellen nicht nur aufdringliche Forderungen, sondern versuchen auch, den anderen ihren Willen aufzudrücken.

Viele meinen, dass sie sich durch das Kontrollieren anderer vor der Zurückweisung und dem Verlassenwerden, das sie so fürchten, schützen können. Sie wollen, wie eine Frau es ausdrückte „alles im Griff haben". Ihr Leitmotiv ist Verlustangst. Ihr exklusives Ziel: „Du sollst keine anderen haben neben mir." Manchmal führt das dazu, dass nicht geduldet wird, dass der Partner Erfolg hat. „Du wirst doch nicht etwa schon wieder arbeiten", lautet dann die Pauschalantwort auf alle Forderungen des Partners nach Alleinsein oder „Durchatmen". Eine Klientin mit besonders ausgeprägten Beachtungswünschen rief die Kollegen ihres Mannes regelmäßig zu nächtlicher oder frühmorgendlicher Stunde an – denn meist war ihr Partner wirklich nur bei einer Besprechung oder im Auto unterwegs –, in der Angst oder Hoffnung, ihren Mann doch einmal zu ertappen. Andere schreiben anonyme Briefe, schmieden Pläne, wie sie etwas herausfinden können, und sind sogar kontrollierend in Situationen, die ihre Interessen und Wünsche gar nicht berühren.

Ich liebe es bunt

„Immer was los." – „Bloß nichts verpassen." – „Alles ist so irre geil." – „Hauptsache Action." – „Gib Gas – bringt Spaß." – „Immer gut drauf." Nach außen wirkt diese Haltung ziemlich schillernd und aufregend. Hinter diesem grellbunten Paravent verbirgt sich aber häufig ein unstillbarer Hunger nach Beachtung. Bloß nichts fühlen oder spüren, heißt ihre Devise. Deswegen reden sie auch unaufhörlich, um ja keine Pausen entstehen zu lassen. Da sie ohnehin auf Antworten nicht hoffen, weil sie vielleicht schon zu oft ins Leere geredet haben, geben sie von sich aus auch gleich die Antworten. Ein erprobtes Mittel, um sich zu schützen und zu verschanzen. Eine Variante davon ist die Sex-Maske, die ebenso vermeidet, zu fühlen, was man wirklich braucht. Getrieben von Akrobatik mit der Zielmarke Orgasmus, bleibt von diesen kontaktarmen Verbindungen oft nichts weiter als ein schaler Nachgeschmack. Die ersehnte Erfüllung bleibt aus, weil die meisten nicht wissen, dass sie einem Ersatz nachjagen, der niemals das finden lässt, wonach sie so verzweifelt suchen: nämlich Beachtung. Die Geschichte eines erfolgreichen Zahnarztes veranschaulicht diese kritische Dynamik: Er lebte allein und tröstete sich an einsamen Abenden mit diversen Frauen, die er seine „Mäuschen“ nannte. In seinem Terminkalender führte er akribisch Buch darüber, mit wie vielen Frauen er schon geschlafen hatte. Ganz stolz berichtete er, dass er sich langsam der Zielmarke 100 nähere. Als er dann eine „Frau“ kennen lernte (so nannte er sie im Gegensatz zu seinen „Mäuschen“), bei der er sich aufgehoben fühlte, geriet er regelrecht in Panik. Es könnte langweilig werden mit ihr, und er könnte zu kurz kommen. Es war ihm fremd, diese neue Beziehung als Chance zu sehen, sich hinzugeben und sich fallen zu lassen. Lieber wollte er seine bisher sorgsam gehüteten Reservate beibehalten, denn Beachtung, die er sich so sehnlichst wünschte, war für ihn undenkbar ohne Abenteuer, Nervenkitzel und „Entertainment“.

Ich bin speziell

„Ich bin eben anders.“ – „Ich bin besonders.“ – „Die anderen sind mir zu oberflächlich… spirituell nicht weit genug.“ – „Lieber einsam als durchschnittlich.“ – „Was wissen die schon.“ – „Ich bin eben speziell.“ Jeder glaubt dies vielleicht hin und wieder von sich selbst. Wenn man damit meint, dass man ein unverwechselbares Produkt der Schöpfung sei, dann ist dagegen nichts einzuwenden. Führt diese Haltung aber zu Missbrauch, dann sieht die Sache etwas anders aus. Ich denke hier an die vielen Tricks von Geschäftsleuten, Kunsthändlern oder Geldinvestoren, die ihre Opfer immer an der gleichen Schwachstelle ins Messer laufen lassen – mit ihrem Wunsch nach „Speziellsein“. Das Muster ist immer das gleiche: Ich gebe dir etwas Außergewöhnliches für fast nichts oder halb geschenkt. Aber dann stellt es sich heraus, dass man bestohlen wurde: einfach weil man einen besonderen „Deal“ machen und so speziell sein wollte, dass man plötzlich zum Opfer wird.

Häufig hat man schon früh gelernt, dass man als Herr oder Frau „Special“ niemals übersehen wird, egal welche Rolle man übernimmt – von melodramatisch bis hin zu hochintellektuell. Vielleicht erntet man mit dieser Strategie nicht die Wärme und Zuwendung, die man sich so sehnlichst wünscht, aber dafür ist man eben „besonders". Das kann mitunter allerdings sehr anstrengend und einsam sein.

Ute, eine Geschäftsfrau, trat ziemlich theatralisch auf, mit lauter Stimme und unüberhörbarem Lachen, immer und unbeirrbar „gut drauf". Sie tat viel für andere, war überaus charmant und überhäufte ihre Freunde mit Geschenken und Einladungen. Im Hintergrund lauerte die Sehnsucht, geliebt und beachtet zu werden. Schon früh hatte sie mit ihrem Vater, der sie sehr vernachlässigte und schlug, darum gekämpft, ihm Gefühle zu entlocken. Ihre Unsicherheit, ob sie überhaupt liebenswert sei, überspielte sie mit einer übertriebenen Fassade. Sie lernte, ihre Verletzlichkeit und Empfindsamkeit zu übergehen, und war immer wieder schwer enttäuscht, wenn sie merkte, wie Menschen zwar gern ihre Offenheit und ihre Einladungen annahmen, um dann aber wieder – meist ohne Rückeinladungen – ihre eigenen Wege zu gehen.

Ich bin eine Schmeichelkatze

Schmeichelkatzen können ganz harmlos sein. Sie wollen den anderen einfach ein bisschen Zucker schenken, weil sie Sympathie fühlen, sie bewundern oder Mitleid mit ihnen haben. Vielleicht wirken sie ein wenig klebrig, aber letztlich ist es doch gut und fürsorglich gemeint. Menschen mit wenig Selbstvertrauen, mit einer gewissen Anhänglichkeit können oft überaus gut schmeicheln. Das kann bis zur bedingungslosen Hingabe an ein Idol oder einen Meister gehen. Es genügt ihnen, sich im Glanze eines anderen zu sonnen, auch wenn sie nur wenige Strahlen abbekommen. In der Regel wollen sie nicht manipulieren. Sie suchen etwas bei anderen, was sie innen nicht mehr entdecken, was aber vorhanden wäre: die eigenen Wünsche.

Die echten Schmeichler hingegen sind berechnend. Sie wollen manipulieren, um ein Ziel zu erreichen: entweder die Anerkennung anderer oder einen persönlichen Vorteil. Doch auch hier kann man übertreiben wie jene Frau, die sich um eine neue Arbeitsstelle bewarb. Auf Fragen zu ihrem neuen Arbeitsfeld brach sie in helle Begeisterung aus über die neuen Herausforderungen und verlockenden Chancen, es gab nichts, was sie nicht beherrschte, kannte oder mindestens schon einmal gemacht hatte. Sie fand alles nur gut. Doch der Arbeitgeber erteilte ihr eine klare Absage. Sein unbestechliches Gefühl meldete: „Zu schön, um wahr zu sein." Schmeichelei ist also unecht, und dies wird recht schnell bemerkt. Man sagt Dinge, die man gar nicht meint, nur um sicherzustellen, dass man Beachtung erhält. Nicht selten scheinen solche Menschen ihren Standort je nach Wetterlage zu wechseln und mit gespaltener Zunge zu reden – sie sagen etwas Bestimmtes der Person A zu Gefallen, und um auch die Bestätigung von Person B zu erhalten, genau das Gegenteil. Schließlich geht der Schmeichler mit leeren Händen aus, weil er sich in die Hände jener begeben hat, deren Ansichten ihm wichtiger als das sind, was er selbst von sich hält.

Ich heiße Prahlhans

„Glaub' mir, ich prahle nicht – es war wirklich so." So oder so ähnliche Sätze hört man meist am Ende irgendwelcher großartiger Geschichten. Ob es nun stimmt oder nicht, sei dahingestellt. Jemand, der sich selbst glorifiziert, Bagatellen zu Großtaten stilisiert und womöglich noch betont, dass er wirklich nicht angibt, hat seine Gründe. Im günstigsten Fall wächst er in seine grandiosen Wünsche hinein, so nach dem Motto „So lasst mich prahlen, bis ich werde", und passt seine Taten seinen Erwartungen an, welche dann wirklich den ersehnten Erfolg bringen. Meist aber macht sich Prahlerei fest an vermeintlichen Tugenden und imaginären Leistungen, Verdiensten, Hoffnungen und Erfolgen. Solche Selbstwertschöpfungen kreisen auch häufig um die so genannten „bekannten Bekannten". Es sind Konversationen so im Stil: „Tina Turner, mit der war ich im gleichen Fastenhotel, die ist ja so nett ... und der Otto (Schily), den solltest du privat kennen, der ist so was von höflich ... der Joschka (Fischer) liebt meine Gemüsepastete über alles. Und übrigens ... morgen kommt Dr. XY zu uns ... unser Sohn wurde übrigens schon wieder angefragt wegen einer Professur."

Prahlerei ist nicht nur Männersache, wie es das Wort „Prahlhans“ suggerieren möchte. Es ist ein geschlechts-, farben- und klassenloses, auch vom Erfolg unabhängiges Phänomen, das sich durch sämtliche Schichten, Kreise und Gruppen zieht. Prahlen ist nicht gleichzusetzen mit Fiktion oder Lüge. Oft stimmen die Informationen. Aber die Art und Weise, wie sie vermarktet werden, ist übertrieben, weil hinter dem dringenden Bedürfnis nach Selbstoffenbarung eine unaufschiebbare Bedürftigkeit nach Anerkennung steckt. Es gibt einen roten Faden, der sich durch alle Prahlerei zieht: eine tiefe Unsicherheit im Selbstvertrauen und im Selbstgefühl. Menschen prahlen, weil sie von außen die Bestätigung zu erlangen versuchen, die sie sich nicht selbst geben können. Was geschieht aber? Die anderen laufen eher davon, weil sie sich in ihrer eigenen Eitelkeit gekränkt fühlen.

Ich komme gern zu spät

„Wer zu spät kommt, den bestraft das Leben“, so heißt der bekannte Sinnspruch. Stimmt nicht, wissen die chronisch zu spät Kommenden, die mit zerzausten Haaren, windschiefer Krawatte und einem schuldbewussten Lächeln gerade noch ein „Entschuldigung, wird nie mehr vorkommen“, „Es tut mir unendlich leid“ über die Lippen bringen und das Murren der anderen geflissentlich überhören. Wer zu spät kommt, den belohnt das Leben, könnte man meinen. So viel Beachtung nur durch die simple Tatsache des Zuspätkommens. Alle warten, denn ohne sie kein Beginnen. Das Ziel ist erreicht – ungeteilte Beachtung auf Kosten der Pünktlichen. Sie sind Helden im Kampf gegen die Uhr, da gibt es überfahrene rote Ampeln, Staus und Stress. Doch wer die Technik des Zuspätkommens wählt, begibt sich damit in die Hände jener, die ihm Beachtung spenden sollen.

Der chronische Zuspätkommer neigt zum Ja-aber-Verhalten: Er sucht einerseits Beachtung, während er andererseits fürchtet, zurückgewiesen zu werden. Diesen Konflikt bekämpft er, indem er die Ablehnung selbst inszeniert. Ich denke an einen Gruppenteilnehmer, der sich darüber beklagte, dass die Sitzungen immer pünktlich beendet wurden. Er selbst kam regelmäßig zu spät. In seiner Kritik an der Gruppe verwandelte er die Angst, abgelehnt zu werden, in aktives Verhalten, das sich so ausdrückte: „Ich will eure Beachtung, aber ich bin wütend, weil ihr mir nicht genügend zu bieten habt, also bestrafe ich euch, indem ich zu spät komme.“

Vielleicht haben Sie in einer dieser Beschreibungen Muster entdeckt, die Ihnen vertraut sind. Sämtliche Muster, wie auch immer sie nun im Einzelfall aussehen, haben den Nachteil: Sie sind Umwege oder Hindernisse, die dem direkten Austausch von Beachtung im Wege stehen. Menschen wollen gesehen werden, aber sie wissen nicht, wie sie diesen Wunsch direkt umsetzen können. Sie möchten beachtet werden, aber sie scheuen davor zurück, ihre Wünsche offen und direkt zu zeigen. Sie wollen anerkannt werden und bemühen sich angestrengt, ein bestimmtes Image zu erzeugen. Bei Kindern höre ich oft eine dafür typische Phantasie, die in etwa so lautet: „Wenn ich tot bin und die an meinem Grab stehen, werden die schon merken, was sie an mir gehabt haben“, statt den einfachen Weg zu wählen und zu bitten: „Bitte hört mir zu! Habe ich das nicht gut gemacht?“ Kinder können noch nicht begreifen, dass sie im Grunde Beachtung brauchen. Erwachsene sind aber in der Lage, ihre Erfahrungen zu deuten und zu verstehen. Ob jemand sich eher kreativer oder weniger kreativer Methoden bedient, hängt nicht von äußeren Gegebenheiten oder von der Wetterlage ab. Es hängt von unseren inneren Glaubensüberzeugungen ab. Diese entscheiden darüber, ob wir uns unsere tiefen Sehnsüchte und Wünsche nach Beachtung, Zugehörigkeit, Wertschätzung und Anerkennung erfüllen können.

Die Erkenntnis dessen, was unseren Austausch von Beachtung beeinträchtigt, ist eine wichtige Voraussetzung dafür, zu sehen, wie wir auf direktem Weg Aufmerksamkeit und Beachtung gewinnen können. Bleibt also die Frage, wie es gelingen kann, Menschen, an denen uns etwas liegt, dazu zu bringen, uns zu beachten. Wenn Sie entschlossen sind, etwas dafür zu tun, dann lassen Sie uns einen Blick darauf werfen, wie Sie Ihre alten Muster schrittweise ablegen und durch neue, effektivere ersetzen können.

Beachtung gewinnen: Elf Anregungen

Kennen Sie Situationen wie diese: Sie möchten in einer Gruppe Ihre Meinung sagen, aber Sie haben Angst davor, sich zu blamieren. Oder: Sie haben immer wieder das Gefühl, dass Ihnen niemand zuhört. Oder: Sie sind auf einem Fest eingeladen und kennen niemanden. Sie würden gern ein Gespräch beginnen, aber Ihnen fehlt der Mut. Oder: Sie möchten jemanden näher kennen lernen, aber Sie fühlen sich unsicher und schüchtern.

Bei diesen vier Beispielen geht es darum, dass wir von anderen beachtet werden wollen, aber wir wissen nicht, was wir dafür tun können. Wie könnte es gelingen, aus dieser Unsicherheit herauszufinden?

Die Kunst, Beachtung einzuladen, ist erlernbar. Es gibt Wege, Menschen, an denen uns gelegen ist, auf uns aufmerksam zu machen. Aber man muss es üben. Sätze wie: „Sei bescheiden!“, „Nimm dich zurück!“, „Lass den anderen den Vortritt!“, „Bleib im Hintergrund!“, die vielen von klein auf beigebracht wurden, schwächen und verzerren die Wahrnehmung. Wer sich nicht damit abfinden will, immer schön unauffällig und bescheiden im Hintergrund zu bleiben, unbeachtet und ohne Anerkennung, für den sollen die folgenden Anregungen eine Hilfestellung geben:

1. Geben Sie sich die Erlaubnis: Ich möchte beachtet werden.
2. Stellen Sie Fragen.
3. Seien Sie, wer Sie wirklich sind.
4. Sprechen Sie über Ihre Fähigkeiten, Fertigkeiten und Kompetenzen.
5. Hören Sie anderen interessiert zu.
6. Äußern Sie Ihre Meinung direkt.
7. Stellen Sie Ihre körperlichen oder geistigen Schönheiten heraus.

8. Seien Sie offen.
9. Gestehen Sie Fehler ein.
10. Sagen Sie „Nein“ zum richtigen Zeitpunkt.
11. Setzen Sie die Alltagsroutine mit List und Humor außer Kraft.

Geben Sie sich die Erlaubnis: Ich möchte beachtet werden

Hierbei geht es um die grundsätzliche Akzeptanz, dass es unser gutes Recht ist, beachtet zu werden. Nur wer sich selbst in diesem Bedürfnis akzeptiert, kann Beachtung auch einladen. Der erste Schritt ist die Entscheidung, aus dem Schatten herauszutreten hinein in das Licht des Gesehenwerdens. Darauf zu hoffen, dass andere schon merken, dass ich beachtet werden will, oder darauf zu warten, was für mich übrig bleibt, stellt sich meist als Irrtum heraus. Es ist wichtig, den anderen zu signalisieren: „Schaut mich an“ oder „Hört mir zu“.

Wenn man sich selbst nicht genügend beachtet, wie kann man es von anderen erwarten? Wenn man sich nicht ernst nimmt mit dem, was man braucht, wie kann man von anderen erwarten, dass sie sich die Mühe machen zu erraten, was man braucht? Ein gesundes Interesse an sich selbst ist die Voraussetzung dafür, dass wir Beachtung einladen und austauschen. Wenn wir gedanklich bejahen, dass wir die Rückmeldung anderer brauchen, verschiebt sich der Blickwinkel hin zu einem Kommunikationsverhältnis. Das heißt, ich darf nicht mehr die defensiven Sätze ihr Unwesen treiben lassen: „Das tut man nicht!“ „Was denken die anderen?“, „Sei bescheiden!“ Der wichtigste Schritt lautet: Heraus aus der Selbstbescheidung und Selbstverleugnung hinein ins Rampenlicht des Gesehenwerdens, unter dem sich unsere Zufriedenheit mit anderen entscheidet. Wir müssen uns darüber klar werden, dass es unser gutes Recht ist, Beachtung einzuladen, zu schenken und auszutauschen.

Stellen Sie Fragen

Wenn Sie Interesse, Beachtung oder Sympathie wollen, stellen Sie Ihrem Gegenüber eine Frage, die ihn betrifft. Mit Fragen bringen Sie den anderen dazu, dass er sich Ihnen zuwendet. Er nimmt Sie zur Kenntnis und fängt an, sich mit Ihnen zu befassen. Selbst die schwierigsten Zeitgenossen reagieren weit besser auf Fragen als auf Behauptungen. Die meisten reden nun mal am liebsten über sich selbst, über das, was sie beschäftigt, irritiert, begeistert oder behindert. Sei es am Telefon, bei Treffen oder auf Festen – das Wort „Ich“ ist das meistgebrauchte Wort. Überlegen Sie selbst, wie Sie reagieren, wenn Sie Fotos von einer Veranstaltung ansehen, bei der Sie teilgenommen haben. Wahrscheinlich beachten Sie besonders interessiert die Fotos, auf denen Sie mit im Bilde sind. Deshalb ist es nur folgerichtig, wenn Sie jemandem, den Sie auf sich aufmerksam machen wollen, eine Frage stellen, die ihn neugierig macht.

Nicht ohne Grund heißt es: Wer fragt, der führt. Fragen sind ein Kontaktangebot, sie sind „Türöffner“. Deshalb sind sie, wenn sie im richtigen Moment gestellt werden, ein bewährter Weg, mit jemandem in Kontakt zu kommen, ihn dort abzuholen, wo er sich innerlich befindet, und auf sich selbst aufmerksam zu machen.

Seien Sie, wer Sie wirklich sind

Der erste Schritt auf dem Weg, Beachtung zu erlangen, beginnt mit der Selbstbeachtung. Er besteht darin, sich selbst als Person zu verstehen und anzunehmen. Das bedeutet nun nicht, dass wir uns in Selbstgefälligkeit üben oder uns mit Eigenarten abfinden sollten, die wir gern verändern würden. Eine gesunde Selbstbeachtung basiert darauf, dass wir lernen, uns anzuerkennen und anzunehmen, wie wir heute sind. Solange wir vorgeben, besser oder schlechter zu sein, als wir sind, solange wir unser Verhalten danach ausrichten, ob es anderen gefällt, bleiben wir in Rollen gefangen, die unsere Kommunikation beeinträchtigen. Kurzum:

Wir sollten nicht mehr oder anders scheinen wollen, als wir sind. Das Bild, das wir von uns selbst vermitteln, sollte authentisch sein. Stimmen meine Gedanken mit meinem Tun überein?

Welche Werte leiten mich? Halte ich an Beziehungen fest, die mir nicht gut tun? Wie viel Zeit verbringe ich mit Gedanken oder Dingen, die mich ablenken? Wer ist mir wichtig? Was ist mir wesentlich? Welche Prioritäten setze ich mit meinem Handeln?

Ein respektvoller Umgang mit der eigenen Person verlangt, den Antworten auf solche Fragen offen ins Gesicht zu sehen. Je genauer wir uns mit uns selbst auseinandersetzen, desto eher stellen wir fest, dass es da auch Ungereimtheiten und Widersprüche gibt. Beispielsweise: Warum fällt mir plötzlich nichts Passendes ein, wenn mir jemand zeigt, dass er mit mir ins Gespräch kommen will? Warum werde ich so unsicher, obwohl ich mir immer wünsche, einmal im Mittelpunkt zu stehen? Weshalb ärgert mich diese andere Person, die sich so selbstverständlich Beachtung verschafft?

Wenn Fragen wie diese auftauchen, so bedeutet das, dass wir lernen können, auch das Widersprüchliche anzunehmen, auch wenn es uns nicht gefällt. Sich selbst anzunehmen heißt, das anzunehmen, was gerade ist.

Warum erhalte ich zu wenig Beachtung? Auf diese Frage könnte man erwidern: Weil die anderen vielleicht intuitiv spüren, dass ich nicht „ich selbst" bin, dass ich etwas tue oder sage, was nicht mit mir kongruent ist. Das bedeutet, dass wir, um mehr Beachtung zu bekommen, uns selbst besser kennen lernen müssen. Es geht also nicht nur darum, uns auf andere einzulassen, sondern auch auf uns selbst.

Sprechen Sie über Ihre Fähigkeiten, Fertigkeiten und Kompetenzen

Darauf zu hoffen, dass andere merken, was man kann, liebt und leistet, erweist sich meist als Wunschdenken. Mit jemandem ein Gespräch anzubahnen, der sein Licht unter den Scheffel stellt, verspürt man wenig Lust. Interesse für sich zu gewinnen bedeutet, hin und wieder auf die eigenen Qualitäten hinzuweisen und die Aufmerksamkeit der anderen auf das zu lenken, was man an Gutem besitzt. Sich Beachtung zu verschaffen bedeutet, aus dem Schatten herauszutreten, sich zu zeigen und das Interesse auf die eigenen Kompetenzen zu lenken. Übertreiben Sie dabei nicht. Passen Sie auf, dass Sie nicht zum Alleinunterhalter werden, der nur noch von seinen Verdiensten spricht. Wenn Sie pausenlos über Ihre Erfolge berichten, langweilen sich die anderen. Und wenn Sie nur noch über Ihre so gut geratenen Kinder sprechen, ermüden Sie selbst die wohlwollendsten Freunde.

Mit anderen Worten: Sie dürfen und sollen lebendig und engagiert zeigen, was Sie bewegt und begeistert und was Sie leisten. Aber vergessen Sie nicht die Aufnahmekapazität Ihres Publikums. Nehmen Sie die Signale wahr. Spüren Sie, ob die anderen mitgehen. Schwingen sie mit? Springt der Funke über? Wenn ja, dann haben Sie einen Pluspunkt gewonnen in puncto Beachtung.

Hören Sie anderen interessiert zu

Gut zuhören können ist eine Kunst. Es bedeutet, dass wir uns ganz auf den anderen einstellen, auf seine Sichtweise, seine Auffassungen und seinen Standpunkt. Und das braucht Geduld, Großzügigkeit und Konzentration, die zum Ausdruck bringen: „Ich bin bereit, meine eigenen Angelegenheiten zurückzustellen. Du hast den Vortritt. Ich lasse mich auf dich ein." Mit der Zeit werden wir merken, dass sich die Mühe lohnt. Andere hören auch uns zu. Nicht nur aus Schuldigkeit, sondern weil sie uns nicht mehr ignorieren können, wenn wir auf sie eingehen. Kurzum: Je mehr wir anderen Gehör schenken, desto eher sind sie bereit, auch auf uns einzugehen. Wenn wir anderen nicht zuhören, mit welchem Recht können wir verlangen, dass sie uns zuhören? Es lohnt sich also, einfühlsam zuzuhören, denn dann können wir auch damit rechnen, dass sie uns Beachtung schenken.

Es gibt keine starren Verhaltensregeln, die uns zu einem besseren Zuhörer machen. Jede Begegnung hat ihre eigene Dynamik und Intensität und ihren eigenen Stil. Entscheidend ist die innere Haltung, mit der wir zuhören, die dem anderen die Sicherheit vermittelt: „Ich werde ernst genommen. Ich bin gemeint." Man braucht sich bloß vorzustellen, wie es sich anfühlt, wenn man nicht richtig angehört wird.

Wer sich entschlossen hat, das Zuhören ernst zu nehmen, für den gilt es ein paar goldene Regeln zu beachten:

Unterbrechen Sie nicht. Selbst wenn der andere umständlich und weitschweifig erzählt, lassen Sie ihn ausreden. Seine Geschichten sind ihm wichtig. Vermitteln Sie: „Zeit spielt keine Rolle!" Damit meine ich nicht die messbare Zeit, sondern eine Haltung, die dem anderen Respekt gibt. Im Übrigen ist nichts zeitsparender als die Zeit, die Sie ins Zuhören investieren, weil der andere sich nicht mehr wehren muss gegen unzeitige Einwände oder Vorschläge.

Nehmen Sie die Ausführungen Ihres Gegenübers nicht als Aufhänger für „Heimspiele". Jeder Mensch will seine Geschichten als einzigartig respektiert wissen. Es behindert den Austausch, wenn man dem anderen versichert, man habe genau das Gleiche erlebt. Auch wenn uns vieles bekannt vorkommt, sollten wir zeitweise von unseren eigenen Erfahrungen absehen können und achtsam sein, als würden wir die Geschichte zum ersten Mal hören.

Übertrumpfen Sie den anderen nicht. Der andere hat Kopfschmerzen oder Liebeskummer. Sie wollen gerade ausholen und erzählen, wie viel schlimmer Ihre Migräneattacke war. Verzichten Sie darauf! Sie werden durch Ihre Vergleiche keineswegs Mitgefühl erfahren. Der andere wird sich zurückziehen und keineswegs beeindruckt sein, sondern wird Sie als uneinfühlsam empfinden.

Äußern Sie Ihre Meinung direkt

Es wirkt erfrischend, wenn Menschen das, was sie bewegt, klar und geradeheraus sagen. Der klare, spontane Ausdruck der eigenen Meinung hat viel mehr emotionale Kraft als die vorsichtig vorgebrachte, mit vielen Wenns und Abers versehene Überlegung. Der Psychotherapeut und Theologe Eugen Drewermann meinte in einem Interview: „Als Erstes gilt es, in Wahrheit gerade zu stehen." Damit hat er auf eine Kurzformel gebracht, worum es letztlich geht: für sich einzustehen, das zu vertreten, was man denkt, fühlt und empfindet, gerade zu stehen. Wenn wir uns direkt äußern, zeigen wir uns und werden für andere sichtbar und greifbar. Wir verstecken uns nicht mehr hinter irgendwelchen Schildern mit der Aufschrift: „Betreten verboten!" Wir entziehen uns nicht mehr mit Andeutungen, Ausflüchten und Ausreden. Wir bekommen ein Gesicht und Konturen. Der Weg dahin beginnt mit der Selbsterforschung: „Was denke und fühle ich jetzt gerade?" Wenn Ihnen das bewusst ist, dann sagen Sie ohne Schnörkel, was Sie meinen und wollen. Es ist befreiend und aufregend, sich deutlich zu machen. Man wird Sie wahrnehmen und beachten, weil Sie Klartext reden.

Stellen Sie Ihre körperlichen oder geistigen Schönheiten heraus

Sie wollen, dass das Auge des Betrachters auf Ihnen hängen bleibt, dann zeigen Sie Ihre „Schokoladenseiten". Vielleicht müssen Sie sich überwinden, aber selbstbewusste Freunde können Ihnen ein Vorbild sein. An ihnen sehen Sie, dass man kein Angeber sein muss, um sich in einem guten Licht darzustellen. Warum sollte man seine Perlen verstecken? Überlegen Sie einmal, was an Ihnen besonders oder eigenwillig ist.

Es gibt ein Recht auf Schönung und Tönung, sei es durch Kosmetik, Kleidung oder ausgefallene Accessoires. Und es gibt ein Recht, die Dinge ins rechte Licht zu rücken. Beachtung auf sich ziehen heißt unter anderem auch: sich in ein vorteilhaftes Licht rücken oder positiv darstellen. So kann man sich, wenn man eher ein selbstunsicherer Mensch ist, selbstbewusster geben, als man ist. Die Folge: Man lernt dadurch seinem Ich-Ideal näher zu kommen und wird mit der Zeit auch tatsächlich selbstbewusster. Ich brauche hier nicht zu betonen, dass es nicht darum geht, anderen ein X für ein U vorzumachen, sondern die Schokoladenseiten, die man tatsächlich besitzt, zu zeigen und zu unterstreichen. Man wird Sie nicht mehr übersehen oder übergehen. Man kommt einfach nicht darum herum, Sie wahrzunehmen und zu beachten.

Seien Sie offen

Wer offen ist, zieht nicht nur mehr Beachtung an, er wirkt auch ansteckend. Die anderen fühlen sich ebenfalls zu mehr Offenheit eingeladen. So wie es einem in der Nähe von Eisklötzen kalt wird, so wirkt die Nähe eines offenen Menschen wärmend. Offenheit macht uns lebendig und öffnet die Herzen. Sie fragen vielleicht: Stelle ich mich damit nicht bloß? Wie offen soll ich überhaupt sein? Nur ein wenig oder ganz offen?

Am besten ist wohl das gesunde Mittelmaß. Dabei geht es nicht ohne die wichtigste Bedingung für Nähe: Unterscheidungsfähigkeit. Unsere Zeit und unsere emotionalen Ressourcen sind zu knapp bemessen, als dass wir allen gleich nahe sein könnten. Allen gleich nahe heißt niemandem nahe. Deshalb fragen Sie sich: Kann mein Gegenüber mit meiner Offenheit richtig umgehen? Ist hier die passende Situation für meine Offenbarungen? Wir sollten berücksichtigen, dass es legitime Distanzbedürfnisse gibt. Wie wohltuend die Zurückhaltung sein kann und wie belastend die ungefilterte Gefühlsgeschwätzigkeit, das wissen wir von Urlaubssituationen oder von Stehparties. Alles rauslassen kann als aufdringlich empfunden werden, deshalb sollte man ruhig überlegen, was wann wo wie angebracht ist. Auch wenn es paradox klingen mag, manchmal ist es klüger, einen Gedanken nicht zu äußern, wenn man den anderen damit verletzen könnte, und menschlicher, den anderen die eigenen Seelenängste oder Wunden nicht zuzumuten.

„Selektive Offenheit", d. h. ausgewählte Offenheit, heißt die Formel in der Psychologie, die ein Wegweiser sein könnte. Wir wählen aus, wie viel wir von uns mitteilen, indem wir den Kontext berücksichtigen, in dem wir uns befinden. Selektiv offene Menschen sagen es, wenn sie berührt sind, wenn sie sich freuen, amüsieren oder ärgern. Und sie spüren meist, in welcher Form sie es äußern können.

Gestehen Sie Fehler ein

„Gestehen Sie einen Fehler ein, bis Ihr größter Gegner Sie tröstet." Dieser Rat hat etwas Bestechendes. Könnten Sie sich vorstellen, dass Sie sich nicht verteidigen oder rechtfertigen wie bisher, sondern die Anschuldigungen in aller Ruhe anhören und noch sagen, wie Leid es Ihnen tut und wie Sie sich bemühen werden, den Fehler wieder gutzumachen? Nahezu jeder Mensch fühlt sich gut, wenn er jemanden bedauern kann, der einen Fehler zugibt. Eines ist sicher, wenn Sie sich reumütig und versöhnlich zeigen, dann werden Sie dem anderen nicht gleichgültig sein. Statt Schadenfreude werden Sie Beachtung und Respekt ernten. Man wird sich mit Ihnen solidarisieren, um den Fehler wieder gutzumachen. Zwar bleibt nach wie vor, dass Sie einen Fehler begangen haben, aber Sie haben das Beste daraus gemacht. So kann man eine Niederlage in einen Beachtungssieg ummünzen.

Sagen Sie „Nein" zum richtigen Zeitpunkt

Die Empfehlung, „Nein" zu sagen, ist sicher anspruchsvoller als beispielsweise die, Fragen zu stellen. Die anderen können konsterniert reagieren oder Sie für einen Egoisten halten, vor allem wenn Sie bisher immer nett, nachgiebig und pflegeleicht waren. Nein zu sagen, wenn Sie bisher immer Ja gesagt haben, obwohl es für Sie oft von Nachteil war, bedarf eines guten Kontakts zum eigenen Fühlen und Denken. Erst wenn wir wissen, was sich im Inneren abspielt, können wir es nach außen zeigen. Machen Sie sich klar: Wenn Sie stets Ja sagen, stellen Sie Ihre eigenen Bedürfnisse zurück. Warum sollten ausgerechnet Ihre Bedürfnisse weniger wichtig sein als die der anderen? Außerdem dürfen wir uns nicht wundern, dass die Anerkennung der anderen sinkt, wenn wir uns allzu nachgiebig verhalten.

Es zwingt den anderen, uns zu beachten, wenn wir einfach einmal Nein sagen oder nicht gleich zustimmen, vor allem, wenn der andere denkt, er hätte leichtes Spiel mit uns. Falls Sie damit überfordert sind, können Sie als Einstieg erst einmal versuchen, Zeit zu gewinnen: „Diese Frage muss ich erst einmal überschlafen" – „Können Sie nochmals wiederholen, was Sie gerade gesagt haben?" – „Darüber muss ich erst nachdenken."

Kürzlich hörte ich von einer Sekretärin, deren Kollegen sich daran gewöhnt hatten, dass sie immer Kaffee kochte, dass sie eines Tages ganz einfach laut und deutlich „Nein" sagte. Plötzlich interessierten sich alle für sie, weil sie es gewagt hatte, sich zu wehren.

Wir sollten von unserem Recht, Nein zu sagen, Gebrauch machen. Nicht aus Rebellion oder Eitelkeit, sondern um Konturen zu gewinnen, so dass die anderen einem mehr Respekt und Beachtung entgegenbringen. Falls Sie es übertreiben, fühlen andere sich möglicherweise brüskiert, oder Sie erhalten den Ruf eines Außenseiters oder Rebellen. Es geht darum, nicht einseitig zu werden. Oder mit anderen Worten: Es kommt auf das rechte Maß an. Schließlich gewinnen Sie Beachtung, wenn Sie sich selbst Ausdruck verschaffen und weniger danach schauen, was die anderen von Ihnen erwarten.

Setzen Sie die Alltagsroutine mit List und Humor außer Kraft

Das setzt voraus, dass Sie bereit sind, spielerisch mit Ihrem Bedürfnis nach Beachtung umzugehen. Menschen, die sich und das Leben nicht tierisch ernst nehmen, haben eine Aura von Freiheit und Leichtigkeit, die anziehend wirkt. Jeden Tag gibt es Möglichkeiten, die eigenen Grenzen ein wenig weiter zu stecken. Ich empfehle Ihnen: „Jeden Tag eine kleine gutartige Provokation." Einen unfreundlichen Menschen anlächeln; mitten in einem Streit über die Absurdität der Situation lachen; das Leben wie durch ein umgekehrtes Fernrohr betrachten; einen Schritt nach vorne wagen; statt zu sagen: „Ich kann nicht!“ ein: „Jetzt erst recht!“

Humor und List, spielerisch eingesetzt, ebnen dem Lachen und der wohlwollenden Beachtung den Weg. Groucho von den Marx-Brothers behauptet: „Lachen ist wie Aspirin, es wirkt nur doppelt so schnell.“ Man kann lernen, einen gewissen „Leicht-Sinn“ zu entwickeln. Ich sage absichtlich Leicht-Sinn und nicht Leichtsinn. Damit meine ich eine gewisse Leichtigkeit, die Bewegung in Ihre Begegnungen bringt und Sie lebendig macht. Lebendigkeit erhöht Ihre Ausstrahlung enorm. Wenn sie gepaart ist mit Witz und Pfiffigkeit, dann stehen Ihre Aussichten bestens, reichlich mit Beachtung beschenkt zu werden. Achten Sie darauf, dass Sie nicht den wunden Punkt Ihres Gegenübers treffen. Sich über die Schwächen des anderen lustig zu machen, ist schlichtweg taktlos. Aber jemanden zu necken, ein bisschen frech oder keck sein, das wirkt wie Salz in der Suppe. Schließlich ist es ein Vergnügen, einem Menschen zu begegnen, der die Routine des Alltags hier und da mit List außer Kraft setzt und so dem Leben neuen Schwung gibt. Experimentieren Sie ruhig ein bisschen.

Sich selbst beachten

Auch wenn Sie sich eingehend mit den elf Anregungen für Beachtung befasst haben, kann es passieren, dass Sie immer wieder einmal in alte Muster rutschen und lieber alles beim Gewohnten lassen. Tröstlich ist, dass es wahrscheinlich jedem so geht. Allerdings müssen Sie nicht jedes Mal bei Null anfangen, wenn Sie das Wichtigste lernen: Kontakt zu sich selbst. Voraussetzung dafür ist, dass Sie einen direkten Draht zu Ihrem Fühlen und Denken entwickeln. Es kann nämlich sein, dass Sie Ihre Wünsche nach Gesehenwerden nicht bewusst wahrnehmen oder sogar verdrängen. So nach dem Motto: Was nicht sein darf, das ist auch nicht.

Wenn Selbsterfahrungsübungen oder Meditation nicht Ihre Sache sind, dann sollten Sie damit beginnen, täglich innezuhalten und wahrzunehmen, wie Sie sich gerade fühlen. Horchen Sie in sich hinein:

Wie geht es mir gerade?
Wie atme ich?
Gibt es Verspannungen in meinem Körper?
Wie fühle ich mich?
Möchte ich mein Gefühl ausdrücken?
Gibt es einen Menschen (Partner, Freund, Kind, Schwester, Bruder), dem ich mein Gefühl zeigen möchte?

Führen Sie diesen „Befindlichkeits-Check" mehrmals am Tag durch. Ob Sie es beim Gehen, im Sitzen oder Liegen machen, spielt keine Rolle. Hauptsache, Sie gewinnen ein Gespür für sich und Ihren Körper. Sie werden überrascht sein, wie intensiv Sie sich dabei kennen lernen. Festigt sich dieses Gewahrsein und wird zur Gewohnheit, so wird es mit der Zeit Teil der eigenen Persönlichkeit. Haben Sie erst einmal Erfahrungen mit sich selbst gesammelt, werden Sie vielleicht Lust haben, mehr über Ihren Umgang mit Beachtung zu erfahren.

Beginnen Sie mit einfachen Schritten. Prüfen Sie einmal, wie viel Zeit, Energie, Kraft oder Geld Sie pro Tag für andere ausgeben. Vergleichen Sie dann: Wie viel Zeit und Engagement bleibt für Sie? Gibt es Nischen im Tagesablauf, in denen Sie sich selbst Beachtung schenken? Wie oft gönnen Sie sich solche Oasen?

- Untersuchen Sie einmal Ihren Terminkalender. Wie viele Termine dienen vor allem dem Wunsch nach Beachtung? Was ließe sich streichen? Was ist überflüssig? Was ist reine Gewohnheit? Pflichtgefühl? Berechnung?
- Gehen Sie die Liste Ihrer Einladungen durch. Wie viele davon sind reine Pflichtübungen, weil Sie meinen, sie anderen schuldig zu sein? Wie viele machen Ihnen wirklich Freude? Worauf könnten Sie verzichten? Wie oft sprechen Sie Gegeneinladungen aus, obwohl Sie eigentlich kein Interesse oder keine Zeit dafür haben?
- Überlegen Sie einmal, wie es um den Aufwand steht, den Sie betreiben, wenn Sie Gäste einladen oder Geschenke überreichen. Muss es denn ein Vier-Gang-Menü sein? Würde es nicht ein einfaches, schmackhaftes Gericht tun? Müssen es wirklich vierzig rote Rosen sein, wo doch eine einzige, die von Herzen kommt, weit größere Wirkung erzielt? Kann es sein, dass Sie Geschenke kaufen, die teurer sind, als Ihnen lieb ist, damit man Sie beachtet? Oder nicht für geizig hält?
- Wann täuschen Sie Nähe vor und benutzen Floskeln, die nur Ersatz für wirkliche Nähe sind? Beispielsweise „Ich habe dich so vermisst" – obwohl Sie sich kaum kennen. „Du hast mir so gefehlt" – obwohl Sie sich nur höchst selten treffen. Wann versprechen Sie mehr, als Sie wirklich einhalten wollen? Wann benutzen Sie die „richtigen" Worte, nur um sich nicht engagieren zu müssen („Wir sollten uns wirklich bald mal wieder treffen." – „Lass uns bald ein Glas Wein zusammen trinken." – „Das müssen wir feiern.") – obwohl Sie sich vor einem Jahr zum letzten Mal gesehen haben?
- Gibt es Situationen, wo Sie simulierte oder unechte Gesten ausführen, lediglich um Beachtung zu erhalten – Umarmungen, leere Küsse, Streicheln, Schulterklopfen?

Wenn Sie sich in einer der Beschreibungen selbst wiedererkennen, dann ist Sorgfalt geboten. Sie möchten vielleicht gern viel Beachtung erhalten, aber Sie stehen sich selbst im Weg, weil Sie entweder zu viel tun oder nicht wissen, wie viel Sie eigentlich wirklich brauchen. Folgende Fragen können hilfreich sein:

Geben Sie selbst so viel, wie Sie gern empfangen möchten?

Geben Sie zu viel, oder geben Sie zu wenig?

Ich denke in diesem Zusammenhang an eine Mutter von drei Kindern, deren Leben allen anderen, nur nicht ihr selbst gehörte. Nicht nur im Alltag, auch bei Festen zählte sie immer zu denen, die beim Backen, Abwaschen, Aushelfen und Organisieren mit dabei waren. Eines Tages fiel ihr auf, dass sie in regelmäßigen Abständen krank wurde, so krank, dass sie das Bett hüten musste. Sie erkannte, wie sie so treffend sagte: „Das ist wohl meine Art, den anderen zu zeigen, dass ich auch mal etwas brauche." Wenn sie nämlich krank war, sorgten sich ihre Kinder um sie. Bis sie eines Tages fand, dass es für sie eine gesündere Art geben könnte, Beachtung für ihre Bedürfnisse zu erhalten, als über ihr Kranksein. Der Wendepunkt kam, als sie erkannte, dass ihre „Zuvielitis", wie sie ihr Verhalten betitelte, ihrem verzweifelten Wunsch nach Beachtung entsprang. Wie kam dieser Umschwung? Sie besuchte eine gute Freundin und entschuldigte sich, dass sie ihr nicht einmal Blumen mitbrachte. Diese nahm sie spontan in den Arm und sagte zu ihr: „Wie gut, dass du einfach dich selbst mitbringst!" Sie erfuhr: „Es gibt mich", auch ohne Beigaben, die ihr Zuwendung verschaffen sollten. Schon früh hatte sie nämlich gelernt, sich Beachtung durch Gefälligkeiten zu kaufen, weil sie davon ausging, dass es nicht genügte, mit jemandem einfach zu sein, sondern dass man sich alles verdienen müsse. Die vielen Kontaktabbrüche, die sie schon erlebt hatte, deutete sie als „Nicht-gut-genug-sein" oder als Bestätigung ihrer Weltauslegung im Sinne von „Undank ist der Welt Lohn". Nun hatte sie leibhaftig erfahren, dass es auch eine andere Logik des Miteinanderseins gab, die jenseits von Belohnung und Anstrengung lag.

Gefühle zeigen

Ich bin zum Essen eingeladen. Wir essen eine wunderbare Vorspeise, ein Fischgratin und meine Lieblingsnachspeise: Feigen in Portwein. Mein Gastgeber weiß, wie man genießt. Es ist eine wahre Freude zu sehen, wie langsam und genüsslich er sich jedem Bissen widmet. Umso mehr erstaunt es mich, dass er unaufhörlich über seine Erfolge und seine Trophäen redet. „Das habe ich gemacht … und das auch noch … stell dir vor, die wollen mich auch einladen …“ Ist das nicht merkwürdig, dass jemand, der sein Essverhalten derart kultiviert und veredelt hat, so wenig Kontakt zu seinen Gefühlen hat?

So wie es eine Gesprächskultur, eine Spielkultur und eine Esskultur gibt, brauchen wir auch eine Beachtungskultur. Mir fällt auf, dass man kaum darüber spricht, als würde man davon ausgehen, dass jeder ohnehin weiß, wie man damit umzugehen hat. Man muss sein eigenes Maß herausfinden und selbst entwickeln, weil es keine Anleitungen und kaum Hilfestellungen gibt.

Die Gründe dafür sind vielschichtig. Sicher hängt es nicht nur damit zusammen, dass das Bedürfnis nach Beachtung meist verkannt oder abgewehrt wird, sondern vor allem damit, dass es vielen schwer fällt, Gefühle zu zeigen. Trotz des heute zunehmenden Stellenwertes von Emotionen und Gefühlsausdruck liegt doch auf ihnen immer noch ein Schleier von Abwertung, Scham oder Ablehnung. Menschen, die sich emotional äußern, werden oft als labil, unbeherrscht oder kindisch angesehen. Die Ursache dafür liegt in dem herrschenden Glauben an das Messbare, Sichtbare, Kalkulierbare. Gefühle lassen sich nun mal nicht objektiv und präzise erfassen. Also wertet man sie ab und verbannt sie ins Private.

Gefühle haben aber ihren Sinn und ihre Gründe. Sie sind die Wegweiser im Umgang mit unseren Mitmenschen. Wenn es stimmt, was einer der führenden Neurologen, Antonio Damasio, erforscht hat, dann weiß unser Herz tatsächlich mehr als unser Verstand. Das Sensationelle an dem, was er und seine Kollegen herausfanden, ist: Wer sich allein auf seine Logik verlässt, ist nicht lebenstüchtig. Selbst der höchste Intelligenzquotient nützt nur sehr begrenzt, wenn nicht emotionale und soziale Intelligenz hinzukommen. Gefühle leiten uns bei Entscheidungen. Sie sagen uns, ob wir einen Menschen mögen oder nicht, ob er gut für uns ist oder nicht.

Ob und wie wir uns Beachtung verschaffen, entscheidet letztendlich immer unser Gefühl. Es greift auf unbewusst oder vorbewusst ablaufende Vorgänge zurück, beispielsweise körpersprachliche Informationen, die ausgesendet werden, Empfindungen, deren Frequenz unsere Logik gar nicht erst wahrnimmt. Dabei haben wir vielleicht gedacht, dass es die Selbstwertmaximierer oder die Ellbogenmenschen sind, die es zu etwas bringen. Solche Beispiele kann man täglich antreffen. Es sind die Leute, die wutentbrannt aufstehen, wenn sie nicht sofort bedient werden, die endlos darüber diskutieren, wer nun zuerst da war, oder die einem die Türe vor der Nase zuknallen. Man schenkt ihnen zwar Beachtung, wenn sie ihre Rechte ohne Rücksicht auf Verluste durchsetzen. Aber mögen tut man sie nicht.

Wenn wir ernst nehmen, wie sinnvoll Gefühle sind, werden wir vielleicht mutiger, unsere Gefühle sprechen zu lassen. Voraussetzung dafür ist, dass wir sie als etwas Wertvolles, Wegweisendes ansehen. Nehmen wir an, Sie hätten sich dazu entschieden, Ihren Gefühlen mehr zu trauen und sie mit anderen zu teilen. Vielleicht werden Zweifel wach: Was mute ich mir da zu? Stelle ich mich damit nicht bloß?

Ich gebe zu, in manchen Situationen ist es sicher unklug, seinen Gefühlen freien Lauf zu lassen. Naiv wäre es sicher, wenn Sie Ihrem Chef, den Sie bewundern, um den Hals fallen. Wahrscheinlich wäre er eher verwirrt als entzückt. Oder wenn Sie bei einer Sachdiskussion immer wieder von Ihren Ängsten und Selbstzweifeln sprechen – auch hier kann ein wenig Zurückhaltung durchaus angebracht sein. Auch im Bereich der Gefühle sollten Sie Ihre

Rücksicht nicht ins Depot auslagern, sondern abwägen: Was kann ich meinem Gegenüber und mir selbst zumuten?

Es geht darum, dass wir durchlässig und stimmig sind. Zwischen stimmigem Verhalten und rücksichtslosem Herauslassen von Gefühlen gibt es viele Differenzierungsmöglichkeiten. Stimmig sein bedeutet, dass wir unserem Gegenüber nichts vorgaukeln. Also nur so viel versprechen, wie wir auch bereit sind, einzulösen. Auf jemanden zugehen, wenn wir interessiert sind. Das Herz sprechen lassen, wenn es um Freundschaft geht.

Am besten vergessen Sie alle Ratgeber, in denen von Techniken die Rede ist, wie man sich beliebt macht oder Freunde gewinnt, als handle es sich um eine Bedienungsanleitung. All diese Techniken gehen gegen das Gefühl und sind auf die Dauer ziemlich ungesund und meist auch erfolglos. Genauso wie wenn Sie übertrieben freundlich zu jemandem sind, den Sie nicht leiden können. Oder wenn Sie vorgeben, alles sei bestens, obwohl Sie sich gerade mitten in einem seelischen Tief befinden.

Der Austausch mit anderen würde seinen Zauber verlieren, wenn Sie sich nicht auf Ihr Herz verlassen würden. Es hat seine Gründe, die dem Verstand gar nicht erst in den Sinn kommen. Lassen Sie es sprechen!

Gewusst wie

Auf einer Strandpromenade beobachte ich, wie ein älterer Maler ein junges Mädchen porträtiert. Er überreicht ihr das Porträt mit den Worten: „Denke immer daran – du bist schön." Ein bisschen verlegen, aber strahlend vor Glück wendet sich das Mädchen an ihre Mutter, die daneben stand: „Hast du gehört? Jetzt weiß ich, ich bin jemand." Ich bin sicher, wann immer sie ihr Porträt anschaut, wird sie sich an diesen Satz erinnern. Dieser Maler wusste, was er tat. Er gab ihr nicht nur das Porträt, sondern auch Beachtung in Form eines schlichten Satzes, der sie vielleicht noch lange begleiten wird.

Jeder hat schon einmal erlebt, wie es ist, einfach so, ohne Mühe und Leistung, beachtet zu werden, weil im rechten Moment ein Freund oder eine Kollegin da war, die einen mochte, so wie man gerade war. Das können Erlebnisse bei einem schönen Essen oder einem Spaziergang gewesen sein, man fühlte sich einander nahe, alles war wie selbstverständlich, weil man ganz einfach präsent war. Das kann auch vor dem Zubettgehen gewesen sein, wenn man sich den Tag vor dem inneren Auge nochmals vergegenwärtigt und dankbar für die guten Begegnungen des Tages friedlich und satt einschläft.

Jeder hat Gaben, die andere mögen, die anderen gut tun, die friedlich machen, besänftigen oder sogar erfreuen. Und das Schönste, was man jemandem durch Beachtung schenken kann, ist vielleicht, dass er sich selbst mag. Vor einiger Zeit hatte ich ein Erlebnis, das mir so eindrücklich vermittelte, was effektive Beachtung bedeuten kann, dass ich es noch heute gut erinnere. Wie schon öfters besuchte ich ein kleines Restaurant. Der Wirt, der mich wiedererkannte, fragte nur: „Wie immer?" und brachte mir unverzüglich meinen Lieblings-Weißwein. Kaum hatte ich meinen ersten Schluck getan, verstummte die übliche musikalische

Beschallung, und mit einem verschmitzten Lächeln meinte er: „Ich glaube, als Musikerin kommt man ganz gut ohne die lästige Konservenmusik aus." Besser hätte ich mich nicht verstanden fühlen können. Der Wirt hat nicht nur seine Aufgabe bestens erfüllt, er hat auch den Blick dafür behalten, worauf es ankommt. Er hat verstanden, dass es manchmal kleine Gesten sind, die für einen gelingenden Abend entscheidend sein können. Er kann sicher sein, dass ich wiederkommen werde.

Ebenso wird der Gastgeber, der über ein gutes Gespür für die Regulierung von Nähe und Distanz verfügt, der seinen Gästen genügend Freiraum und auch ein gesundes Maß an Zuwendung schenkt, wahrscheinlich nicht zu klagen haben über einen Mangel an Besuch oder übereilte Abreisen, weil man sich bei ihm wohl fühlt und weil er die Kunst der angemessenen Beachtung beherrscht. Doch jener, der seine Gäste vor lauter Überfürsorglichkeit regelrecht überschüttet, wird nicht nur selbst erschöpft sein, weil er in seinem Tun vom Hunger nach Aufmerksamkeit geleitet und daher weniger effektiv ist, sondern er wird auch seine Gäste vertreiben, die sein Tun als überflüssig oder sogar als störend empfinden. Auch der Computerfachmann, der aufmerksam zuhört, welches Gerät sein Kunde braucht und ihm vielleicht sogar von einer zu aufwändigen Anschaffung abrät, wird das Vertrauen seines Kunden sicher viel eher gewinnen als jemand, der vielleicht ein teures Modell verkauft, aber die Bedürfnisse seines Kunden nicht genügend beachtet. Kurzfristig mag er zwar mehr verdienen, aber auf die lange Sicht wird er seinen Kunden verlieren, weil dieser sich nicht in seinen Bedürfnissen gesehen fühlt. Wohingegen der aufmerksame Verkäufer vielleicht zunächst nicht so viel verdient, dafür aber einen Kunden gewonnen hat, der sich immer wieder an ihn wenden wird. Ob es nun die Kleiderverkäuferin ist, die sich diskret im Hintergrund hält, wenn ihren Kundinnen nach Ausprobieren zumute ist, und mit einem verständnisvollen Lächeln signalisiert: „Wenn Sie mich brauchen, komme ich gern", oder der Bankfachmann, der trotz abgestürztem Computer die Nerven behält, sein eigenes Denkhirn einschaltet und seinem gestressten Kunden vermittelt: „Ich schaue, was ich für Sie tun kann" – sie alle haben begriffen, was ihre Aufgabe ist, nämlich effizient zu bedienen und zu beraten, statt ihre Arbeit zu benutzen, um Aufmerksamkeit auf sich selbst zu lenken.

Auch als Käufer sind die Chancen, effektive Beachtung zu erhalten, sicher größer, wenn man weiß, was man tut. Das bedeutet, wenn man unterscheiden kann zwischen dem Wunsch einzukaufen und dem Bedürfnis nach Austausch von Beachtung. Wenn jemand beispielsweise dem Verkäufer seine ganze Familiengeschichte oder seine Geldverhältnisse ausbreitet, dann wird die Konzentration auf die Sache, um die es geht, unnötig gestört. Der Verkäufer mag sich zwar geschmeichelt fühlen über so viel Vertrauen, aber er wird dadurch in seiner Arbeit sicher nicht effektiver. Den Rekord an Beachtungssucht erlebte ich einmal in den USA, als eine Dame sich von der geplagten Verkäuferin an die fünfzig Paar Schuhe anschleppen ließ, um dann entrüstet hinauszurauschen, weil angeblich nichts Passendes darunter war.

Der wirksame Austausch von Beachtung lässt sich sehr gut in Gaststätten beobachten. Das Vergnügen, auswärts zu essen, hat ja zu einem großen Teil damit zu tun, dass man Beachtung erhält. Selbst in bescheidenen Lokalen, wo das Maß an Aufmerksamkeit begrenzt ist auf das Servieren von kleinen Mahlzeiten, wird der Wirt das Vertrauen und den Zuspruch seiner Kunden gewinnen, wenn er beachtet, was sein Gast braucht. Auch der Ruf von teuren Restaurants hängt nicht nur mit der Qualität der Speisen und Getränke zusammen, sondern auch mit der Menge und der Qualität der Extra-Beachtung, die der zahlungsfreudige Kunde nicht nur erwartet, sondern auch gern zusätzlich bezahlt. Der Kellner, der seinen Gast mit Namen begrüßt, als wäre er persönlich erfreut, ihn zu sehen; der kundig auf die Fragen seines Gastes eingeht und einfühlsam berät, ohne zu viel Aufmerksamkeit auf seine Person zu lenken; der sich diskret zurückzieht, um die Tischgespräche nicht zu stören, und dennoch aufmerksam bleibt; der weiß, dass sein Tagwerk leichter von der Hand geht, wenn er es beschwingt verrichtet – der ist effektiv in dem, was er tut. Er tut das, wozu er da ist, nämlich Mahlzeiten verkaufen, bedienen und das Wohl seiner Gäste in den Mittelpunkt stellen. Und das

Gegenteil davon: der Kellner, der mit Demonstrationen intimer Entspanntheit den Gast für sich gewinnen will, der keinen Aschenbecher ohne einen Zusatz seelischer Regungen auf den Tisch stellen kann, der die Gespräche durch seine aufdringliche Freundlichkeit stört und vielleicht noch suggeriert, dass er jenseits seines Brotberufes ein verkanntes Genie sei, wird in seinem Beruf weniger effizient sein.

Die Unklarheit unserer Motivation kann die Effektivität unserer Arbeit erheblich stören. Deshalb lohnt es sich zu fragen: Worum geht es mir? Je bewusster die Unterscheidung getroffen wird zwischen einerseits dem, was wir tun, wozu wir da sind, und dem Wunsch nach Beachtung andererseits, desto größer sind die Chancen, dass wir in unserem Tun außer dem Austausch von Beachtung auch noch anderes vermitteln können.

Jeder ein Star für ein paar Minuten

„Genug über mich erzählt“, so ein Ausspruch, „Wie geht es dir? Was denkst du über mich?“ Mag sein, dass Sie jetzt sagen: „Gut und schön, so egoistisch würde ich nie reden.“ Ganz Ihrer Meinung. Sie sollten sich zwar Beachtung verschaffen, aber sicher nicht, indem Sie wie bei dem erwähnten Ausspruch ausschließlich um sich selbst kreisen.

Im „Oxford English Dictionary“ hat ein neuer Begriff Eingang gefunden: „ego-surfing“, der die Suche nach der Präsenz des eigenen Namens im Internet bezeichnet. Warum streben so viele Menschen in die Medien – wenn nicht als Stars, dann wenigstens als Talkshow-Gäste oder applaudierende Zuschauer oder hinter den Kulissen als Kabelträger und Kulissenschieber? Jeder will ein Stück vom öffentlichen Kuchen der Beachtung haben. „Täglicher Talk“, „Bühne der kleinen Leute“, „mediengeile Schwätzer“, um nur ein paar Stichwörter zu nennen, die die Popularität des Talkshow-Formats pointieren. Selbst im Internet ist dieser Impuls, sich zu „outen“, inzwischen verbreitete Praxis, trotz des Anonymitätsschutzes, den dieses Medium bietet. Indiskretion ist salonfähig geworden. Auffällig ist die Preisgabe des privaten und intimen Seelenlebens vor einem anonymen Massenpublikum und eine Welle von Emotionalisierung des Öffentlichen, die längst auch auf die politische Arena übergegriffen hat.

„Mal im Fernsehen“ – dieser Wunsch hat heute derart zugenommen, dass die Redakteure zunehmend Abwehrarbeit leisten müssen, um die Flut der Freiwilligen zu stoppen, so hat sich zumindest ein vielbeschäftigter Talkmaster geäußert. Da sieht man plötzlich Menschen wie du und ich, die im Scheinwerferlicht ihre Geheimnisse und verborgenen Vorlieben aufdecken. Warum plaudern sie öffentlich über ihr „Innenleben“, obwohl sie sich im Alltag kaum in die Karten blicken lassen? Das kollektive Streben nach Beachtung erklärt den Erfolg solcher Fernsehsendungen. Schmerzliche Beachtungsdefizite aufgrund fehlender oder verminderter Kommunikation, wie sie in Massenkulturen vorkommen, tragen entscheidend dazu bei, dass Menschen auf mediale Kanäle zurückgreifen müssen. „Man wird halt endlich mal gesehen, und manchmal denke ich, ich wär' gern was Besonderes", so die Aussage einer älteren Dame, die schon öfters versuchte, sich für Auftritte in Talkshows anzubieten. Denn dort, so hofft sie, kann sie endlich mal im Mittelpunkt stehen. Dass Millionen von Zuschauern sich wenigstens einen Moment lang mit ihr beschäftigen, ist für sie ein berauschendes Gefühl.

Neben dem Wunsch nach öffentlicher Anerkennung scheint mir vor allem das Bedürfnis, sich selbst sein Dasein zu bestätigen, der Anreiz für öffentliche Selbstoffenbarungen zu sein. „Ich war schon immer der Typ, der Leute um sich braucht ... wo kann man besser ankommen als im Fernsehen? Seien wir doch ehrlich, das wollen doch alle." So die Aussage eines Studenten, der sich selbst als „narzisstisch" bezeichnet. Es geht also nicht nur um Bestätigung von außen, sondern vielmehr auch um das Bedürfnis nach Selbstaufwertung und Selbststeigerung. Nach einem Auftritt beschreibt das eine junge Frau: „Plötzlich war ich jemand, als wäre ich ein paar Zentimeter gewachsen. Ich hatte das Gefühl, alle drehen sich auf der Straße nach mir um." Und eine andere Frau, die immer wieder im Publikum von Talkshows auftritt: „Immerhin bekommt man was zu trinken, ist unter netten Leuten und kann so ein bisschen mit sich selbst experimentieren. Ich probier' einfach verschiedene Rollen aus – mal ein bisschen sexy, dann wieder eher gediegen, mit Mini oder auch mal im eleganten Kostüm." Es geht also nicht nur um Selbstoffenbarung, sondern auch um das Experimentieren mit sich selbst, um das Ausprobieren verschiedener Rollen und Selbsterkundung in einem anderen Kontext als der gewohnten Alltagswelt.

Wie das Lebensgefühl vieler ist auch das Fernsehen beides zugleich: Ausdruck von Krise und Einsamkeit und versuchter Ausweg. Wer sich bewähren will, muss durch das Nadelöhr des Kameraobjektivs, um überhaupt registriert zu werden, so scheint es, und das gilt für Personen, Leistungen und Ideen gleichermaßen. Eine Person, eine Leistung oder eine Idee haben ihre Bewährungsprobe erst dann bestanden, wenn das Auge der Kamera sie registriert. Und wo eine Kamera ist, da finden sich auch immer Freiwillige. Nicht nur die große Zuhörerschaft, auch die Bedeutung, die dem Medium selbst zugeschrieben wird, trägt entscheidend zu der Beachtung bei, die sich Menschen von Fernsehauftritten erhoffen. Vieles deutet darauf hin, dass die wechselseitige Distanz, die Menschen sich im Alltag zumuten, nicht aufrechtzuerhalten ist. Weil Menschen mehr Nähe brauchen, als sie vielleicht in ihrem täglichen Umfeld erhalten, besteht die Gefahr, dass sie die an sich leicht durchschaubare Medienillusion nur allzu leicht für bare Münze nehmen, frei nach dem Motto: Lieber ein bisschen Illusion als ganz allein.

Schon 1908 sprach der Soziologe Georg Simmel davon, dass das Allzu-Zugängliche an Wert verliert. Er machte darauf aufmerksam, dass niemand alle seine Geheimnisse offenbaren sollte, weil er dadurch für andere uninteressant würde. Wahrscheinlich sind wir uns umso weniger des Wertes und der Verletzlichkeit unserer Intimität bewusst, je mehr wir sie durch Redseligkeit loszuwerden versuchen. Die Folge: Wir können Gefühle und Anerkennung gar nicht mehr leben, wir müssen sie in Szene setzen. Nun geht es nicht um eine Verteufelung oder um Medienschelte, sondern um eine menschliche Balance zwischen privat und öffentlich, zwischen Vertrautem und Fremdem und um eine individuell angemessene Abstimmung zwischen Beachtungsbedürfnissen und den Ansprüchen und dem Schutz des Selbst. Es geht um die wichtigste Bedingung für jegliche Erfahrung wirklicher Beachtung: die Fähigkeit zu unterscheiden. Beachtung steht und fällt mit den Wahrnehmungschancen in Freundschaften, Familie und Beziehungen – also im Nahbereich. Nur wenn wir dort wirklich verankert sind und uns tagtäglich damit auseinandersetzen, gewinnt unser Leben „Welthaftigkeit“, Wahrhaftigkeit und Chancen der Begegnung.

Die Macht des Blickes

Im Blick liegt alles: Sehen und Gesehenwerden, Himmel und Hölle, Verbundenheit und Heilung. Sehen und Gesehenwerden geben uns einen Platz in der Gemeinschaft, sie definieren, wer wir sind, bestimmen unser Selbstwertgefühl. Blicke stellen Beziehungen her zwischen der Mutter und dem Kind, den Liebenden oder Verliebten, dem Vorgesetzten und seinem Angestellten, dem Star und seinem Publikum. Warum ist das Auge so einzigartig? Wenn wir sagen, im Blick liegen Himmel und Hölle, dann drückt sich darin die spezifische Macht des menschlichen Auges aus. Es kann wie kein anderes Sinnesorgan nicht nur auf- und wahrnehmen, sondern auch gestalten, senden und sprechen. Im Unterschied zu allen anderen Sinnesorganen, die lediglich aufnehmen, ist das Auge also passiv und aktiv zugleich. Gerade weil es als Sender in den Austausch von Beachtung hineinfunkt, ist es so bedeutsam für die Regulierung unserer Beziehungen. Das Auge informiert nicht nur über die Empfindungen und Gefühle des Blickenden, es zeigt Interesse und ruft auch Verhalten hervor.

Mit den Augen zeigen wir Interesse an unseren Mitmenschen. Die Grundlage dafür wird zwischen Mutter und Kind gelegt. Der Psychoanalytiker Heinz Kohut war einer der Ersten, die hervorhoben, wie lebenswichtig es für das Kind sei, „den Glanz im Auge der Mutter“ zu sehen. Die Bedeutung des Auges und des „Blickes des anderen“ ist aber auch für spätere Lebensphasen von entscheidender Relevanz. Der Blick des anderen, der Nähe, Beachtung oder Bewunderung signalisiert, der aber auch vernichten kann, der Missachtung, Geringschätzung oder Verachtung vermitteln kann, ist zentral für jede zwischenmenschliche Beziehung. Wer käme sonst auf die Idee, dass Blicke töten können? In sämtlichen Kulturen und Stämmen gibt es Namen für dieses offensive Organ, den Sehstrahl, wie die Alten sagten.

Wie machtvoll Blicke sein können, hat jeder schon erlebt. Ich denke an die Erfahrung, wenn man sich plötzlich umdrehen muss, weil man sich von hinten angestarrt fühlt, oder wenn man jemanden, der schläft, intensiv anschaut, wie er plötzlich unruhig wird. Oder wenn man will, dass sich jemand, der vor einem sitzt, umdreht, dann starrt man ihn intensiv an – ein Wechselspiel, das bei sensiblen Menschen meistens funktioniert und vor allem bei Kindern sehr beliebt ist.

Nicht ohne Grund gibt es ja die Redensart „im Auge der Öffentlichkeit stehen", die ausdrücken will, dass es eine Person beeinflusst, wenn und wie sie von vielen angeschaut wird. Es gibt unzählige Überlieferungen darüber, wie hasserfüllte, neidische Blicke schaden können. Das „böse Auge" oder der „böse Blick" sind in allen Kulturen gefürchtet. Und in Indien beispielsweise reisen Menschen Hunderte von Kilometern, um von Heiligen gesehen zu werden, um sich den „guten Blick" zu holen, dem man heilende Wirkungen zuspricht.

Vermutlich haben Sie auch schon von jemandem sagen hören: „Schau doch nicht so traurig/böse/unfreundlich!" Vielleicht war Ihnen gar nicht bewusst, dass Sie tatsächlich bedrückt oder belastet waren. Das Sprichwort sagt ja auch, dass die Augen der Spiegel der Seele sind. Für die Wirkung auf andere ist es also notwendig, dass wir uns bewusst machen, dass wir mit unseren Augen anziehen oder abstoßen können. Überlegen Sie selbst, wie Sie reagieren, wenn Sie einem kalten, stechenden Augenpaar begegnen. Ich nehme an, dass Sie wahrscheinlich eher abgeschreckt werden. Im Unterschied zu warmen, offenen Augen, von denen Sie sich ganz gewiss angezogen fühlen.

Experimentieren Sie mit Ihren Augen: Stellen Sie sich vor den Spiegel und denken Sie an etwas Schlimmes, Ärgerliches. Wie verändert sich Ihr Augenausdruck? Wie würde ein Foto von Ihnen jetzt wirken?

Dann konzentrieren Sie sich auf gute, freundliche Gedanken. Merken Sie, wie sich nicht nur Ihr Blick entspannt, sondern auch das ganze Gesicht? Wäre das nicht eher ein Foto, das Sie gern von sich ansehen würden?

Wenn Sie gern gesehen werden wollen, dann denken Sie an etwas Heiteres, Freundliches. Ihre Augen werden es widerspiegeln, und die anderen werden Sie mit anderen Augen ansehen.

Augen-Blicke

Kinder, die häufig angeblickt werden, die sich in ihrem Wesen gesehen und angenommen fühlen, entwickeln Sicherheit, Selbstannahme und Selbstwertschätzung, weil sie etwas erfahren haben, das man in seiner Bedeutung nicht hoch genug einstufen kann: liebevolle, wertschätzende Beachtung. So wie jeder wohlwollende Blick das Vertrauen stärkt, dass man beachtenswert ist, so löst das Gegenteil – die Verweigerung des Blickes, das Übersehen-Werden, das Vorbeisehen oder Hindurchsehen – Störungen im Zwischenmenschlichen aus, die nicht nur besonders auf Kinder, sondern über die gesamte Lebensspanne hin schädigende Auswirkungen haben. Wir wissen heute, dass fehlende Blickdialoge krank machen können. Menschen, denen die identitätsstiftende Beachtung durch den Blick fehlt, können Blicke oft nicht aushalten, weil sie zu schmerzlich an das fehlende Angeschaut-Werden erinnert werden.

Hier kommt mir eine Frau in den Sinn, eine junge Krankenschwester, die den Blick-Kontakt mit anderen kaum aushalten konnte. Wenn sich unsere Augen trafen, wandte sie ihren Kopf ruckartig zur Seite und redete unaufhörlich weiter. Nachdem ich mich vorsichtig in ihren kontaktvergessenen Monolog einklinkte, nahm sie fast abrupt Notiz von mir, um dann unbeirrt mit ihrem monotonen Selbstgespräch fortzufahren. Auf meine Frage, ob sie mich wahrnehme, meinte sie: „Mir verschwimmt alles vor den Augen, wenn ich Sie länger anschaue. Ich muss wegschauen, sonst wird es mir schummrig." Wir experimentierten ein wenig mit Blick-Kontakten aus der Ferne, aus der Nähe, mit verschiedener Dauer der Blicke. Was dabei herauskam, war eindrücklich: Wenn sie Beachtung zuließ, schwammen ihr regelrecht „die Felle davon". Sie hatte es nicht gelernt, Beachtung anzunehmen und zu geben. Alte Reminiszenzen an frühe Situationen mit ihrer Mutter kamen auf. Sie erlebte noch einmal, wie arm an Beachtung der Kontakt mit ihrer „ewig gestressten" Mutter wohl gewesen sein mag. Vage konnte sie sich sogar daran erinnern, dass sie ihre Mutter immer als irgendwie abwesend erlebte: Entweder musste sie gerade telefonieren oder fernsehen, während sie beisammen waren oder bei Tisch saßen. Selbst bei Umarmungen hatte sie das Gefühl, ihre Mutter blicke dabei ins Leere, und wenn sie etwas erzählte, so hatte sie ständig das Gefühl: „Meine Mutter hört mir nicht richtig zu." So wirken also über die Kindheit hinaus Muster von „Abruferinnerungen" in verschiedene Lebensbereiche hinein, vor allem wenn sie im engen aktuellen Kontakt wieder aktiviert werden.

Wie kann man nun korrigierend auf alte belastende Erfahrungen einwirken und dafür sorgen, dass die alten Programme nicht immer wieder abgespult werden? Sie lassen sich nur durch Bewusstsein aufheben. Konkret heißt das: erst einmal wahrnehmen lernen, wie, wann und wo man beachtet wird, und sich dann die Muster anschauen, mit denen man es abwehrt. Bei dieser Frau war es das abrupte Abwenden des Kopfes, das Wegschauen oder In-die-Ferne-Starren. Bei anderen ist es das Anhalten des Atems oder das flache Atmen, verlegenes Lachen oder flüchtige Bewegungen.

Im nächsten Schritt geht es darum, das Ertragen und Aushalten von Beachtung einzuüben. Beobachten Sie einmal: Wie lange halte ich es aus, wenn mich jemand umarmt, ohne an etwas anderes zu denken? Wie lange kann ich es genießen, wenn mich jemand anschaut? Ab wann wird es mir unbehaglich? Gelingt es hierbei allmählich, positive, zuversichtliche Perspektiven des „Ich werde gesehen" zu entdecken, so können sie dazu führen, dass Beachtung mit der Zeit sogar mehr als nur ertragen – nämlich auch genossen und als wohltuend erlebt werden kann.

Der sprechende, offene Blick teilt etwas vom Wesen des Schauenden mit und bewirkt ein wechselseitiges Erkennen. Dieser geöffnete Blick macht es möglich, dass man sich im Auge des Anredenden wiederfindet. Er stiftet Verbindung, Kontakt oder Beziehung und schafft Mitgefühl. Letztlich brauchten wir einem anderen nur tief in die Augen zu schauen, und wir würden seine Gefühle erkennen – seine Freude, seinen Schmerz, seine Ängste oder Sehnsüchte.

Oft meinen wir, es sei unhöflich, andere Menschen direkt anzuschauen. Das mag in manchen Kulturkreisen gelten, aber in unserer westlichen Welt gilt der direkte Blick als Ausdruck von Selbstbewusstsein und Offenheit. Wer anderen offen in die Augen sehen kann, gilt als aufrichtig. Allerdings darf man es nicht übertreiben. Starrt man jemanden zu lange an, so fühlt er sich eingeengt oder sogar bedroht. Klebt man während eines Gesprächs zu sehr an den Augen des Gegenübers, so wird dies als konfrontativ erlebt. Es geht also darum, dass wir das richtige Maß an Augenkontakt finden. Auf eine Kurzformel gebracht: Mit offenem Blick, aber ohne festzuhalten.

Oft beschweren sich Frauen, von Männern angestarrt oder begafft zu werden. Es gibt in der Tat eine geschlechtsspezifische Art des Schauens. Das ist nicht verwunderlich und geht zurück auf die Situation bei der Jagd, die seit Tausenden von Jahren Männersache war. Rasches Taxieren, Abschätzen der Situation war gefragt. Wer seine Chance verpasst, verliert die begehrte Beute. Im männlichen Blick liegt also ein Relikt der Beziehung zwischen Jäger und Wild. Und die experimentelle Psychologie kann diese Spekulation bestätigen: Männer sind bei der Abschätzung räumlicher Verhältnisse den Frauen deutlich überlegen. Die wiederum schneiden besser bei Sprachtests und Klangtests ab.

Wie sollten wir also mit unseren Augen-Blicken umgehen? Ein erster Schritt wäre ein bewussteres Umgehen mit unseren Grußritualen. Vielleicht können wir in unsere Grußrituale etwas von der Geste übernehmen, die in dem afrikanischen Gruß „Ich sehe dich“ steckt. Überlegen Sie: Wie möchte ich selbst angeschaut werden? Und geben Sie es weiter. Es sind drei Eigenschaften, mit denen Sie augenblicklich das Beste im Augenkontakt leisten: klar, offen und warm.

Zu viel Sonne

Ein bekannter Filmemacher, der sich nach anstrengenden Dreharbeiten immer wieder in sein Landhaus zurückzieht, sagt: „Ich glaube, es gibt zwei Sorten von Zeitgenossen, die einen, die sich immer beklagen, dass sie zu wenig Beachtung bekommen, und jene, denen der Überfluss an Beachtung zum größten Lebensproblem und deswegen das ‚Aussteigen' zur einzigen Rettung wird." Leicht kann sich Beachtung in ein Zuviel verkehren. Jemand, der sich in sämtlichen Lebensbereichen beachtet fühlt, neigt unwillkürlich dazu, sich darin zu sonnen, vergleichbar mit einem Sonnenbad: Man spürt die Strahlen auf der Haut, genießt die Wärme und schließt die Augen, weil man sonst geblendet würde. Ist man der Wärme zu lange ausgesetzt, ohne die Möglichkeit, sich zurückzuziehen, schlägt die Wärme in Hitze um und wird zur regelrechten Belästigung. Die Haut beginnt zu brennen bis hin zum gefürchteten Sonnenbrand.

Steht jemand unter der ständigen Hitze von Beachtung, dann wird er nicht mehr gewärmt, sondern kann in der Tat verbrennen. Man verbrennt, wenn man nicht mehr Wärme ab- und zurückgeben kann. Zu viel „Sonne" führt dazu, dass man die Augen verschließt und nach innen richtet. Die Wachsamkeitsschwelle wird herabgesenkt, die Vernunft eingeschläfert, weil man selbst nicht mehr sieht, sondern nur noch gesehen wird.

Vielleicht kann man sich dieses Phänomen übermäßiger Beachtung durch einen Vergleich verdeutlichen: Eine Frau, deren Hobby Tennisspielen ist, wird sich wohl kaum je in der Situation der unablässig Beobachteten finden. Sie kann einfach spielen, je nach Lust und Laune, weil nichts Nennenswertes von ihr erwartet wird. Eine Weltklassespielerin hingegen kennt das Spiel ohne Zuschauer wohl kaum. Beide spielen Tennis, aber beide machen jeweils ganz unvergleichliche Erfahrungen, denn wer vor Publikum spielt, spielt nie nur gegen sich selbst oder seinen Partner. Er kann nie ganz bei sich sein, weil er immer für alle da ist. Von der Tyrannei des Erfolges sprach einmal ein prominenter Hotelgast und beschrieb, wie er regelrecht Angst hatte, von seinem Zimmer in die Empfangshalle des Hotels zu gehen, wo all die Menschen auf ihn warteten, die ein Autogramm oder ein kurzes Gespräch wollten. „Lasst mich doch in Ruhe, reicht es denn nicht, wenn ich auf der Bühne für euch da bin?"

Zu viel Beachtung birgt die Gefahr, dass kein Austausch mehr stattfindet. Man beschäftigt sich nur noch mit sich selbst. Das mitunter schweißtreibende Realerleben von Geben und Nehmen erscheint als überflüssig, wenn nicht gar minderwertig. Ein besonders tragisches Beispiel für exzessiven Beachtungsterror bot die verstorbene Lady Diana, die später die Geister, die sie rief, nicht mehr loswurde. Die Zudringlichkeit der Paparazzi und verzweifelte Abwehr waren es auch, die den Ehemann von Caroline von Monaco zu Handgreiflichkeiten provozierten, die immer wieder Schlagzeilen machten.

Man kann in der Tat bezweifeln, ob derjenige, dem die Beachtung in den Schoß fällt, der sich nie darum bemühen muss, wirklich ein Experte in Sachen Beachtung sein kann. Wie kann er vertraut sein mit den vielen kleinen Geheimnissen und Entdeckungen, die sich erst auf den zweiten oder dritten Blick erschließen, die sich oft an entlegener Stelle oder im Kleinen offenbaren?

Der größte Feind der Beachtung ist zu viel Beachtung. Dies findet sich vor allem bei Kindern bestätigt, die Opfer von subtilen Formen elterlichen Missbrauchs sind. Eine Form davon ist eine perfektionistische Erwartungshaltung gegenüber dem Kind, das die unbefriedigten Ambitionen der Eltern erfüllen soll. Das Kind soll es einmal besser haben, es soll einen prestigeträchtigen Beruf ergreifen, womöglich eine Universitätslaufbahn einschlagen oder eine sportliche Karriere anstreben, weil das den Eltern versagt war. Diese Eltern versuchen jegliche intellektuelle Anregung und bestmögliche Förderung und Anerkennung zu geben, schicken ihr Kind in den Ballettunterricht, zum Tennis, zum Förderunterricht. Die Stundenpläne dieser Kinder sind oft derart vollgepackt, dass kaum mehr Zeit für zweckfreies Spielen und Muße bleibt. Selbst wenn solche Kinder äußerlich erfolgreich sind, fehlen ihnen die Möglichkeiten, sich dem eigenen Erleben hinzugeben. Ihr emotionaler Reifungsprozess bleibt auf der Strecke, und in späteren Jahren stellen sich dann die typischen Symptome von Überforderung oder Einsamkeit ein.

Der leistungsorientierte Auftrag an das Kind: „Stille du meinen Hunger nach Beachtung" ist doppelbödig. Das Kind erhält zu viel Beachtung für nur einen bestimmten Aspekt seiner Möglichkeiten, wobei es oft auch sehr begabt und leistungsbereit ist. Andererseits bleibt das Kind in seinem ganzen Wesen ungesehen und deshalb unterernährt. Es kann deswegen kein „Beachtungspolster" ansetzen, das ihm über schlechte Zeiten hinweghilft, weil es keine sorgende Einfühlung erhielt und auch sich selbst keine geben kann. Die Diagnose einer aufgeweckten, erfolgreichen Frau mag für viele sprechen: „Irgendwie hatte ich in meiner Familie die Rolle der ‚Erfolgreichen'. Ich konnte mir ziemlich viel erlauben, hatte immer irgendwelche Privilegien. Wenn ich zum Essen kam, richtete man sich nach mir und kochte natürlich vegetarisch. Unausgesprochen erwartete man von mir, dass ich immer mit irgendwelchen Erfolgsmeldungen aufwarten konnte. Meine Briefe waren mit der Zeit nur noch Karriereberichte. Alles, was da nicht hineinpasste, ließ ich geflissentlich weg – meine Einsamkeit, meine Ängste, meine Zweifel und meine abgrundtiefen Schwächen im Umgang mit den einfachsten Dingen des Lebens. Aber auch ich selbst meine immer, ich müsste etwas Besonderes leisten, lade mir unheimlich viel auf und setze mich ständig unter Druck – als würde ich immer mit der Peitsche hinter mir herrennen. Oft weiß ich wirklich nicht mehr, warum ich das alles tue oder für wen. Ich weiß nicht einmal, ob es mir Spaß macht, was ich alles so leiste, ich muss einfach immer weitermachen."

Vor allem Mütter, denen vermittelt wurde, es liege ausschließlich in ihrer Hand, was aus den Kindern wird, sind besonders anfällig für eine „produktorientierte" Beachtung ihrer Kinder. Betrachtet man die vielen Ratgeber, die sich damit befassen, wie man eine „gute Mutter" werden kann, so ist es nicht verwunderlich, wenn Mütter ihre Kinder als Bestätigung brauchen, dass sie gute Mütter sind. Sie wollen ein „gutes Produkt" hervorbringen, um sich und der Umwelt zu beweisen: „Seht, wie perfekt ich bin." Es geht hier also um die Beachtung, die sich die Mutter über ihre Kinder holt.

Für einen gesunden „Beachtungshaushalt" eines Kindes ist es von entscheidender Bedeutung, dass es nicht zu viel „an der Sonne" ist, das heißt, dass es in seiner eigenen Gefühls- und Vorstellungswelt leben darf, die sich von der erwachsenen abgrenzt. Wenn nun ein Kind zum Freund eines Elternteiles wird oder gar selbst Teil des Elternpaares wird, so verwischen sich die Grenzen der Beachtung innerhalb der Familie. Die Tochter, die tagsüber als Freundin der Mutter in deren Angelegenheiten, einschließlich ehelicher Probleme, hineingezogen wird, kann nur schwer damit umgehen, wenn sie abends abrupt in ihr Zimmer abgeschoben wird, weil der Vater nun von der Arbeit heimkommt. Kein Wunder, dass sie rebelliert und die fehlende Aufmerksamkeit durch Machtspiele erzwingt, die die Eltern dazu zwingen, sich mit ihr zu beschäftigen.

Wenn die Beachtungsenergie eines Elternteils zu stark zum Kind statt zum Partner fließt, dann entsteht eine merkwürdige Verwirrung, weil in dem Kind etwas gesucht wird, was seiner Kinderrolle nicht gemäß ist. Gleichgültig, auf welche Seite sich die Kinder schlagen, immer ist der Preis für ein Zuviel an Beachtung hoch. Beim Vater, wo die gegengeschlechtliche Spannung hinzukommt, ist der Fall umso tiefer, wenn die Tochter den Platz der „Kronprinzessin" einnimmt, oft mit der unausgesprochenen Überhöhung: „Du bist besser als deine Mutter", und plötzlich vom Thron gestoßen wird, weil der Vater sich abwendet. Eine Patientin erinnert sich: „Für mich war es das höchste Glücksgefühl, wenn ich in seiner Abwesenheit in seiner Bibliothek schnuppern durfte – der Geruch seiner ausgegangenen Pfeifen und dieses Aroma, das von den vielgelesenen Büchern und der Tinte mit den unleserlichen Eintragungen ausging. Das war so fremd und spannend, ich hatte ein richtig kribbeliges Gefühl im Bauch. Ich wusste, das ist meine Welt, ich wollte all diese Bücher lesen, um ihm Gesprächspartnerin zu sein. Mit meiner Mutter konnte er ohnehin nicht so gut reden. Nie wollte ich diese widerlichen Kleiderschürzen tragen und immer in der Küche hantieren und all diese Drecksarbeit erledigen." Spürt die Tochter dann irgendwann den Rückzug des Vaters, der häufig im Zusammenhang mit ihrer Geschlechtsreife steht, dann buhlt sie umso mehr um seine Gunst und versucht vor allem über „Besonderssein", äußere Attraktivität oder verführerisches Verhalten seine Beachtung zu gewinnen.

Verwöhnt von der Prinzessinnenrolle und gekränkt durch das Nichteinlösen dieses verführerischen Versprechens, werden Töchter häufig in Beziehungen verstrickt, die ebenfalls gezeichnet sind von dem Wechselbad von Überhöhung und Ablehnung.

Menschen, die regelrecht abhängig geworden sind vom exzessiven Beachtungskonsum, neigen zu selbst- oder fremdaggressiven Verzweiflungstaten. Ein Übermaß an Beachtung kann nicht nur süchtig oder abhängig machen, es kann auch Überdruss und Verzweiflung erzeugen, die sich nicht nur gegen die anderen, sondern auch gegen das eigene Ich, das sich seiner Isoliertheit bewusst wird, richtet. Eine Patientin erzählt einen bewegenden Traum, der diese abgrundtiefe Verzweiflung eindrücklich vermittelt: „Ich komme auf eine Theaterbühne, ausgestattet mit einer Perücke und einem wunderschönen langen Kleid, aber der Zuschauerraum ist leer. Nur der Hausmeister guckt mich befremdet und hämisch an und meint: ‚Das war's wohl!' Mir beginnen die Knie zu zittern, und ich stürze vom Podium ab in endlose Leere. Da ist nichts, was mich hält. Es ist nur noch ein unendliches Fallen. Ich schreie, aber niemand hört mich." Das Platzen der Beachtungsblase kann, wie man bei diesem Traum sieht, der diesen Befund ins Wortwörtliche übersetzt, ein unsägliches Maß an Verzweiflung und Aussichtslosigkeit erzeugen, die sich nicht nur nach außen, sondern auch gegen das eigene Ich richten.

Zu viel Schatten

Oft kommt dieses Gefühl schlagartig, beispielsweise wenn man unter Menschen ist und fühlt, man wird nicht gesehen oder wahrgenommen. Mitten in der schrillen Fröhlichkeit der Bekannten, bei Kneipenabenden, deren Gesprächsekstasen einem so fremd bleiben. Meist sind die Empfindungen dabei Überdruss, Verlassenheit, Versagen.

Solche Gefühle, die auftauchen, wenn wir uns zu wenig beachtet und gesehen fühlen, kennt wohl jeder in mehr oder weniger hoher Dosierung. Wenn Beachtung ausbleibt, obwohl man sich für jemanden, ein Projekt oder eine Sache eingesetzt hat, dann reagieren Menschen empfindlich, sind verletzt, gekränkt oder gar gedemütigt. Diese Gefühle können in jedem Lebensalter auftreten. Die Verlassenheitsängste der Kinder, das Erleben innerer Isolation bei Jugendlichen, die Infragestellung von Lebensentwürfen in der Lebensmitte und schließlich das Gefühl der Einsamkeit im Alter. Viele erleben den Mangel an Beachtung in der Familie, unter den Kindern, in der Einsamkeit zu zweit, in der Gleichgültigkeit und Routine im ungeliebt gewordenen Beruf, in der Anonymität der Großstadt, unter den Altersgenossen, die einem fremd geworden sind, im Alleinsein mit den eigenen Gedanken und Gefühlen.

„Ich bin dieser Ausgrenzung nach Dienstschluss nicht gewachsen“, sagt eine überaus engagierte Betriebswirtin, „selbst in den abendlichen Veranstaltungen und Kursen lässt man mich links liegen. Mache ich etwas falsch? Ich bin vielleicht ein wenig schüchtern, aber ich sehe keinen Grund, warum ich nicht behandelt werde wie alle anderen ...“

Je lebendiger und empfindsamer ein Mensch ist, desto stärker erlebt er mangelnde Beachtung. Andererseits erfährt er sich auch eher als ein Opfer und übersieht gern, wie er auch selbst dazu beiträgt, dass er übergangen oder übersehen wird. Wenn man in solch einem Gefühl steckt, fällt es schwer zu erkennen, welche Möglichkeiten der Veränderung nötig wären. Wenn ich mit den Betroffenen nach Möglichkeiten Ausschau halte, wie sie sich zeigen und ihre Gaben verbindlich einsetzen könnten, höre ich oft Ausflüchte wie diese: „Schon als Kind hat man mich ausgeschlossen." – „Ich habe Angst, mich zu zeigen." – „Ich könnte mich lächerlich machen." Solche Reaktionen weisen darauf hin, dass es sich um seelische Altlasten handelt. Ein weiterer Hinweis auf alte Wunden könnte das Gefühl sein, völlig hilflos ausgeliefert zu sein. Oder wenn jemand das Gefühl hat, völlig im Recht zu sein, und keine Chance der Veränderung sieht.

In einem Café verfolge ich einen Dialog am Nachbartisch. Ich bekomme zwar nur Gesprächsfetzen mit, aber diese sprechen für sich. Zwei Berufskollegen unterhalten sich: „Stell dir vor, dann hab' ich das gemacht ... „ – keine Reaktion – „Ist das nicht toll, oder?" – keine Reaktion – „Aber ist das nicht unglaublich, oder?" – „Tut mir leid, ich muss jetzt gehen, ich habe heute noch wahnsinnig viel zu erledigen." Schon allein die Notwendigkeit solcher immer wiederkehrender Fragen zeigt einen Mangel an Resonanz an. Solche verweigerte Bestätigung untergräbt das Selbstwertgefühl und führt dazu, dass der andere immer weiter ausholt bis hin zum übertriebenen Selbstlob – einfach aus Mangel an Resonanz. Manche reagieren beleidigt oder wehren sich mit gewollter Überheblichkeit: „Der oder die ist es doch nicht wert, dass ich mich aufrege", „Da stehe ich drüber", „Das habe ich doch nicht nötig", „Der kann mich mal". Wenn wir bei einer Familienfeier nicht eingeladen werden, dann können wir immer noch behaupten, dass uns solche Feste ohnehin nichts bedeuten; wenn wir von anderen übersehen oder abgeblitzt werden, bleibt immer noch die Beteuerung, dass uns an „denen" sowieso nichts liegt. Gehen wir bei einer Bewerbung leer aus, so hatten wir diese Stelle auch nicht wirklich gewollt, da wir etwas viel Besseres in Aussicht haben. Und wenn wir beim Examen oder der Fahrprüfung scheitern, bleibt immerhin noch der Seitenhieb auf die unfähigen Prüfer oder die unfairen Bedingungen. So macht man aus der Schwäche eine Tugend und rettet sein Gesicht.

All diese Rationalisierungen oder Kompensationsversuche sind verständliche Strategien. Ihre Funktion mag darin bestehen, unnötigen aggressiven Energieverbrauch zu vermeiden und gleichzeitig die persönliche Selbstachtung aufrechtzuerhalten. Sind diese Reaktionen verhältnismäßig und begrenzt, so dienen sie als „Blitzableiter“, die unser verunsichertes Selbstwertgefühl wieder ins Lot bringen.

Gravierendere Folgen mangelnder Beachtung werden mit dem Begriff „Narzissmus“ bezeichnet, ein Phänomen, das heute epidemische Ausmaße angenommen hat. Hier steht das Gefühl fehlender Beachtung im Zentrum unbewusster Phantasien und führt zu kompensatorischen Verhaltensweisen. Erkennbar sind solche Verhaltensmuster schon in einfachen Gesprächssituationen: Sie sprechen am liebsten über sich selbst, sind äußerst leicht kränkbar und empfindlich und beziehen die Inhalte des Gegenübers nur auf sich: „Das erinnert mich daran, als ich ...“, „Ja, das kenne ich auch, nur ist es bei mir noch viel schlimmer ...“

Narzissmus darf aber nicht verharmlosend mit Eitelkeit gleichgesetzt werden, da er mit dauerhaftem Stress und erheblichen Frustrationen verbunden ist. Psychotherapeuten sind sich einig, dass narzisstische Menschen nicht zu viel, sondern eher zu wenig Selbstgefühl besitzen und daher verzweifelt auf der Suche sind, von anderen wahrgenommen und anerkannt zu werden.

Ob nun Selbstüberschätzung oder Selbstherabsetzung in den Vordergrund rückt, beide sind Ausdruck gestörten Selbstwerterlebens. Der Selbstüberhebliche, mit einem scharfen Blick für die Schwächen und die Geltungssucht der anderen ausgerüstet, oder der Selbstbescheidene, der auf keinen Fall im Mittelpunkt stehen will und jedes Lob abwehrt – sie beide verkörpern zwei Seiten der Medaille überhöhter Selbstansprüche. Ein Beispiel dafür: Ein Anwalt, der sich durch seinen hohen Einsatz für seine Klienten auszeichnet, erfährt immer wieder Einbrüche seines Selbstgefühls, wenn er kritisiert oder zu wenig bestätigt wird. Unbewusst erwartet er Dankbarkeit, vor allem von denen, für die er sich besonders einsetzt, während er nach außen die Bedeutung dieser Anerkennung herunterspielt, sie ignoriert oder bagatellisierend sagt: „Das gehört zu meinem Job."

Die überhöhte Selbstdarstellung wie auch ihr Gegenpart, die Selbstverkleinerung oder der gekränkte Rückzug von der Welt, beide wollen im Grunde die spiegelnde Beachtung von außen. Fällt sie aus, droht die Vernichtungsangst, die Angst, unbeachtet zu bleiben, niemandem etwas zu bedeuten oder ein „Nichts" zu sein.

In weniger dramatischer Ausformung kennt wohl jeder Erfahrungen, die zeigen, wie sich die Innenwelt in der Außenwelt spiegeln kann. Man braucht sich bloß daran zu erinnern, wie man nach einem freudigen Erlebnis die Welt plötzlich mit anderen Augen sieht. Man fühlt sich wohlwollend angeblickt, selbst das graue Wetter scheint plötzlich freundlicher.

Wenn aber nun jemand aus einem Gefühl innerer Leere heraus auf die Umwelt reagiert, so erwartet er die stabilisierende, sein Selbstgefühl aufbauende Beachtung von außen. Aber er hat die falsche Lektion gelernt: dass es Liebe ist, wenn er sich anstrengt, verausgabt und bewundert fühlt; dass es Liebe ist, wenn er der Welt beweist, dass er besser, oben oder zumindest „ein Held" ist. Und er hat gelernt, dass er all das, was er an Beachtung braucht, sich weder selbst geben noch von anderen erbitten kann.

Fragt man sich nun, weshalb der Einzelne so wenig in der Lage ist, einen Vorrat an Beachtung zu speichern, der ihm über karge Zeiten hinweghilft, der ihm das Gefühl gibt, zwar manchmal abgewiesen oder nicht gemocht zu werden, doch ansonsten einigermaßen liebens- und schätzenswert zu sein, so gerät man meist auf Spuren, die weit in der Kindheit oder manchmal sogar mehrere Generationen zurückliegen.

Wenn man sich selbst auf die Spur kommen will, gibt es mehrere Möglichkeiten, Erinnerungen aufzufrischen. Beispielsweise indem man mit Verwandten spricht und Geschichten der Vergangenheit austauscht. Oder indem man sich ein paar ausgewählte Fotos aus der Kindheit und Jugend vornimmt.

Haben Sie sich dafür entschieden, dann betrachten Sie diese Fotos in aller Ruhe und fragen Sie sich: Welches Gefühlsklima herrschte in meiner Familie? Wie habe ich mich selbst erlebt? Was haben mir die anderen über mich vermittelt? Wie wurde ich wahrgenommen? Welche Fotos mag ich besonders? Welche gar nicht? Welche Familienwerte wurden bei uns gefordert und gefördert?

Das wäre ein Schritt, sich mit sich selbst und seiner Vergangenheit auseinanderzusetzen. Selbst wenn dadurch alte Einflüsse nicht gleich gebannt wären – immerhin waren Sie ihnen lange Zeit ausgesetzt –, so werfen sie doch ein Licht auf die Gegenwart. Wir verstehen besser, wie wir zu dem geworden sind, was wir sind. Wir finden mehr und mehr die eigene Wahrheit und kommen uns selbst auf die Spur. Dadurch können wir aktiv gegen längst überholte Muster angehen.

Den Beachtungshaushalt pflegen

„Es brauchte lange Zeit, bis ich realisierte, dass andere auf mich reagieren. Ich dachte, ich zähle sowieso nicht. Ob ich dabei war oder nicht, was machte es für einen Unterschied? Ich fühlte mich ziemlich bedeutungslos. Deswegen schrieb ich auch keine Urlaubskarten, gratulierte nicht zu Geburtstagen, und oft löschte ich sogar ungehört die Nachrichten auf meinem Beantworter. Wie oft war ich eingeladen und brachte überhaupt nichts mit – nicht mal einen Blumenstrauß oder irgendeine Kleinigkeit. Auf Festen schlich ich meist ‚französisch' weg ohne einen Abschiedsgruß oder ein Dankeschön. Bei Veranstaltungen ging ich und kam ich, wie es mir gerade passte. Es kam mir nie in den Sinn, dass andere vielleicht merken könnten, dass ich nicht reagierte, nicht anwesend oder schon verschwunden war. Ich ging davon aus, dass es keinen Unterschied machte, ob ich da war oder nicht. Erst Jahre später erfuhr ich nach und nach, wie oft ich andere dadurch verletzt oder gekränkt hatte und wie distanziert und kühl man mich erlebte. Heute weiß ich, dass es einen großen Unterschied macht, wie ich anderen begegne. Jeder Mensch spürt jeden anderen. Jede, auch die kleinste Geste hat eine Auswirkung auf andere, ob man es gleich merkt oder erst später."

Diese junge Frau, die durch einen Krankenhausaufenthalt plötzlich realisierte, wie unglaublich viele Menschen sich um sie sorgten, ihr schrieben und sie besuchten, steht nicht allein. Es gibt viele Menschen, die nicht realisieren, dass sie von potentieller Beachtung umgeben sind, die sie stärken, vermehren oder boykottieren können. Dieser Frau wurde erst durch einen Unfall spürbar, dass sie eine Wirkung auf andere hatte, dass anderen an ihr gelegen war und dass sie vielen etwas bedeutete. Sie erkannte, wie sie später bemerkte: „Ich zähle."

Die Art und Weise, wie wir Tag für Tag leben und auch mit so genannten „Kleinigkeiten" umgehen, reflektiert unsere Macht, das Leben anderer zu beeinflussen, und ist ein Spiegel unseres Beachtungsaustausches. Ich glaube sogar, dass wir im normalen Alltag unendlich viel mehr empfangen, als wir geben. Nur ist uns die Sicht dafür oft zugestellt durch die vielen Anforderungen und Pflichten, die nach uns rufen. Gewiss, es ist nicht weltbewegend, wenn wir einen Geburtstag vergessen oder einen Rückruf versäumen, aber die Summe der vielen kleinen Unterlassungen und Unsorgfältigkeiten macht es. Sie entscheiden darüber, wie dürftig oder wie reich unser „Beachtungshaushalt" ausfällt. Alles ist eine Frage des Maßes. Das Bild der Sonnenstrahlen macht deutlich: Man genießt sie mehr, wenn man auch den Schatten kennt und immer wieder aufsucht. Man ersehnt und schätzt die Sonne ja umso eher, je bewusster und gezielter man sich ihr aussetzt. Nur indem man immer wieder aus dem Schatten ans Licht geht, bekommt man Gesicht und Farbe. Nur wenn man den Mut hat, sich immer wieder zu zeigen, und von anderen auch gesehen und gehört wird, bekommt man Konturen.

Wir brauchen beides, die Würde, die in der Selbstbeachtung liegt, und den Reichtum und Kraftquell, der sich aus äußerer Beachtung speist. Es gibt zweierlei Geschenke, das Geschenk, ich selbst sein zu dürfen, und das Geschenk, nicht nur ich selbst sein zu müssen, sondern auf andere angewiesen zu sein. Beide bedingen einander.

Sich zwischen diesen beiden Polen einen Pfad zu bahnen, dazu bedarf es eines gesunden Wechselspiels zwischen Aktivität und Passivität: sich zeigen und sich finden lassen, sich herauswagen und wieder zurücknehmen. Eine Kunst, die wohl der Inbegriff dessen ist, was es heißt, erwachsen zu werden: zu jonglieren zwischen Bedürftigkeit und Sattheit, zwischen Ansprüchen und Grenzen, zwischen Sehnsüchten und Enttäuschungen.

Wie finden Menschen nun dieses gesunde Maß? Ein junger Gärtner meint: „Ich reibe mich nicht wund daran, wenn ich keine Beachtung bekomme. Ich versuche, meine Wut darüber irgendwie zu bändigen. Dann renne ich mit meinem Hund und versuche mich an das zu halten, was ich noch habe und was mir noch bleibt – meine Freundin, meine wunderbare Kakteensammlung und die Erlebnisse draußen im Freien." Und eine Kollegin erzählt: „Wenn ich nach einem anstrengenden Wochenendseminar auf mein Hotelzimmer zurückkehre, dann überkommt mich eine ganz merkwürdige Leere. Früher hätte ich dann den Fernseher eingeschaltet oder wäre in eine Kneipe gegangen, hätte mit den Leuten geschwätzt und mich mit ein paar Gläsern Wein einfach ‚weggemacht'. Nichts mehr spüren, nicht mehr denken, einfach in wohlige Dumpfheit abtauchen. Seit ich diesen Gefühlen nicht mehr ausweiche, mich nicht mehr in oberflächliche Gewohnheiten flüchte, erlebe ich eine ganz neue Art von Bewusstwerdung. Ich versuche diese Leere erst einmal auszuhalten, wende mich nach innen. Dort ist es zunächst einmal ziemlich dunkel. Mit jedem Schatten, jedem Schmerz, dem ich dort begegne, dem ich mutig ins Auge schaue, findet sich allmählich ein kleines Licht in meiner Seele, das immer größer wird. In solchen Momenten erkenne ich, das Alleinsein hat sich gelohnt. Ich weiß, dass keine wirkliche Nähe zu Menschen möglich ist, wenn ich nicht vorher Kontakt zu meinem eigenen inneren Licht gefunden hätte." Hier wird eindrücklich beschrieben, wie diese Gratwanderung zwischen Selbstbeachtung und Beachtung von außen verlaufen kann. Sie ist ein allmählicher Bewusstwerdungsprozess.

Die Leitfrage, die diesen Prozess begleitet, lautet ganz schlicht: Was brauche ich jetzt? Sie führt in konkreten Situationen zu Überlegungen: Wie viel Alleinsein kann ich mir zumuten? Wann ist es Zeit, sich mit anderen zu verständigen? Was möchte ich mit ihnen erleben? Wann habe ich genug Austausch erlebt? Um diese Frage zu beantworten, bedarf es der Selbstbeachtung. Dass wir uns selbst besser kennen als jeder andere, dafür spricht der privilegierte Zugang, den wir zu uns selbst besitzen. Diesen Wissensvorsprung, den wir vor anderen haben, sollten wir nutzen. Nur wenn ich mich mit meinen eigenen Bedürfnissen auseinandersetze, erlebe ich etwas von den Anstrengungen und dem Reichtum, der in diesem Bedürfnis nach Beachtung liegt. Darum soll es nun im folgenden Kapitel gehen.

Selbstbeachtung

„Seit ich mich selbst achte und sorgfältiger mit mir umgehe, kann ich auch die Welt und das Leben mehr achten. Denn schließlich bin ich ja ein Teil davon." Das sagte eine junge Ärztin. Wer Menschen beobachtet, die mit ihrem Leben, den unvermeidlich auftretenden Veränderungen, Enttäuschungen und Krisen in geglückter Weise zurechtkommen, kann bei ihnen immer ein gesundes Maß an Selbstbeachtung und Selbstachtung feststellen.

Wie entsteht so etwas wie ein tiefes, grundsätzliches Ja zum eigenen Schicksal, zum eigenen Körper, zu den eigenen Gedanken und zum Leben, wie es nun einmal ist? Voraussetzung ist die radikale Annahme der eigenen Persönlichkeit. Sich selbst bejahen oder zumindest in großen Teilen annehmen ist nicht nur die Voraussetzung für die Selbstachtung, sie prägt auch das Verhalten zu anderen und unsere Weltanschauung schlechthin. Sich selbst achten bedeutet, sich selbst ernst nehmen, die eigenen Gefühle und Gedanken respektieren und das nach draußen transportieren, was innen ist. „Der gute Ruf, den man bei sich selber hat", so lautet die plakative Formel für Selbstachtung, die die Autorinnen Linda Tschirhart Sanford und M. E. Donovan ihrem Buch „Frauen und Selbstachtung" vorangestellt haben.

Grundsätzlich lassen sich drei wichtige Quellen für Selbstachtung identifizieren. Eine davon ist die innere Kraft, die uns aus unseren zunehmenden Kompetenzen und Fähigkeiten erwächst, und das unabhängig davon, was andere von uns halten. Die zweite Quelle ist die Fähigkeit, sich mit Wohlwollen zu begegnen und sich trotz seiner Begrenzungen und Schwächen zu achten, das heißt, sich zu akzeptieren und sorgsam mit sich umzugehen, so wie man nun einmal ist. Das wiederum erlaubt es, sich zu ändern, falls man es wünscht. Und die dritte Quelle ist die Erfahrung, dass man, auch wenn man alles andere als perfekt ist, doch wertvoll und liebenswert ist.

Selbstachtung ist ein Nebenprodukt, das sich entwickelt, wenn man sich mit sich selbst stimmig fühlt. Deswegen ist es wesentlich, dass Menschen lernen, ihre Gaben, ihre Möglichkeiten und ihre Energie in Handeln umsetzen, um sich auszudrücken und produktiv zu sein. Dann entsteht Selbstachtung von ganz allein.

Die größtmögliche Veränderung erfahren Sie, wenn Sie Ihr Selbstwertgefühl täglich stärken. Statt zu denken: „Wenn ich schlank bin, dann gehe ich öfters schwimmen", tun Sie es heute. Oder statt zu klagen: „Ich sollte mehr Zeit für meine Freunde haben", beginnen Sie heute mit einem Anruf oder einer Einladung zu einem Spaziergang. Oder statt zu lamentieren: „Ich bin deprimiert und müde", sagen Sie sich: „Jetzt erst recht!" So kann man mit kleinen Grenzerweiterungen den Muskel der Selbstachtung stärken.

Wenn Sie ein besseres Gefühl dafür bekommen wollen, was alles zum täglichen Selbstachtungstraining gehören kann, suchen Sie sich eine Erfahrung aus der nun folgenden Liste aus:

Beginnen Sie ein morgendliches Aufwachritual – Tautreten, Waldspaziergang, Wechselduschen
Fasten Sie einen Tag
Schreiben Sie einen Leserbrief
Melden Sie sich bei einer Diskussion zu Wort
Schreiben Sie einen Hörerbrief an einen Radiosender
Springen Sie vom Drei-Meter-Sprungbrett
Kochen Sie sich ein besonderes Essen
Kaufen Sie einen Blumenstrauß für sich selbst
Gönnen Sie sich eine Wohlfühl-Behandlung (Ayurveda, Massage, Badevergnügen …)
Erledigen Sie etwas, das Ihnen bisher unangenehm war
Laden Sie jemanden zu sich ein
…

Wenn Sie erst einmal angefangen haben, Ihre Selbstachtung durch aktives Tun zu steigern, werden Ihnen sicher weitere Möglichkeiten und Ideen einfallen, die Ihr Selbstvertrauen stärken. Oft sind unsere persönlichen Stärken nur vernachlässigt oder verschüttet. Falls Sie nicht wissen, was Sie interessieren oder begeistern könnte, dann erinnern Sie sich einmal daran, was Sie als Kind gern getan haben. Das könnte Ihnen Hinweise darauf geben, was Sie in der Gegenwart aktivieren könnten. Vielleicht haben Sie mit Anziehpuppen gespielt oder Bücher verschlungen, sich verkleidet oder Theaterspiele aufgeführt, im Wald Hütten gebaut oder kleine Gärten angelegt. Was Ihnen damals Spaß bereitet hat, könnte heute in neuer Form wieder lebendig werden. Sie müssen es nur umsetzen und sich nicht von irgendwelchen Sach- oder Zeitzwängen abbringen lassen. In jedem lebt ein Lebenskünstler, der darauf wartet, entdeckt zu werden.

Sich selbst annehmen

Vielleicht genießen Sie es, ein Hobby zu pflegen. Wahrscheinlich tut es Ihrer Begeisterung keinerlei Abbruch, zu wissen, dass es zahllose andere gibt, die es viel weiter gebracht haben auf Ihrem Gebiet. Dennoch lassen Sie andere hin und wieder teilhaben an Ihren Kreationen, vielleicht im Kreis Ihrer Familie oder mit Freunden, und scheren sich wenig darum, was andere wohl darüber denken oder meinen. Es macht Ihnen Spaß, und Sie akzeptieren Ihre Grenzen und Möglichkeiten. Werden Sie dafür gelobt und bewundert, freuen Sie sich. Wenn nicht, auch gut, weil es für Sie keine Rolle spielt.

Mit dieser Einstellung kann man sich eine Menge Stress und Sorge um Bewertung ersparen. Je weniger man sich selbst bewertet, desto unabhängiger wird man vom Lob und den Urteilen anderer – und von den eigenen. Überlegen Sie selbst, wie reagieren Sie, wenn Ihnen jemand ein Kompliment dafür macht, wie gut Sie mit Messer und Gabel essen können? Wahrscheinlich wären Sie nicht übermäßig beeindruckt, weil Sie selbst wissen, dass Sie diese Technik schon seit Jahren ohne fremde Hilfe bewerkstelligen. Außerdem ist es Ihnen wohl ziemlich gleichgültig, weil Sie in diesem Punkt keinen Wert auf das Urteil anderer legen. Das heißt, je mehr wir uns selbst akzeptieren und respektieren, desto unabhängiger sind wir für Be- und Entwertungen von außen. Ellen Langer, Psychologieprofessorin an der Harvard-Universität, meint dazu: „Verglichen mit denen, die in einem bewertenden Bezugssystem gefangen sind, sind jene mit Selbstrespekt viel weniger anfällig für Tadel, Schuld, Reue, Lügen, Geheimnisse und Stress.“[10]

---

[10] Langer, E., Self-esteem vs. self-respect. In: Psychology Today, Dezember 1999, S. 32.Langer, E., Self-esteem vs. self-respect. In: Psychology Today, Dezember 1999, S. 32.

Man gewinnt an Lebendigkeit hinzu, wenn man sich dem Teufelskreis von Selbst- und Fremdbewertung entzieht, der alltäglichen Paranoia: „Was sagen die anderen?", und das Augenmerk mehr auf die Entwicklung von Selbstachtung und Selbstannahme richtet. Es ist vielleicht weniger aufregend, weil der lustvolle Kitzel von Gewinnen oder Verlieren, Siegen oder Unterliegen wegfällt, dafür rettet man sich eine Menge Energie für die Bereiche, die einen wirklich inspirieren und weiterbringen.

Die Einstellung, die wir uns selbst gegenüber haben, entscheidet darüber, was wir wagen, angehen, entwickeln und verwirklichen. Viele sind dermaßen damit beschäftigt, was andere über sie denken, die Familie, die Nachbarn und die Bekannten, dass sie ihre eigenen Wünsche, Sehnsüchte und Handlungen gar nicht mehr erkennen und einschätzen können.

Ein Beispiel ist Agnes, eine Journalistin, die nach außen das Image einer angesehenen, kompetenten und erfolgreichen Person präsentiert. Sie fühlt sich unausgefüllt, obwohl sie schöpferisch tätig ist und all das erreicht zu haben scheint, was sie sich vorgenommen hatte. Sie meint, sie müsse sich verändern, aber sie wisse nicht, was sie anderes tun könne. Tatsächlich fühlte sie kaum irgendwelche Emotionen, weder Traurigkeit oder Wut noch Freude. Ihr wurde klar, dass ihr Image nur eine Fassade war, die nicht ihrem inneren Sein entsprach. Ihre Karriere, ihr Verzicht auf Ehe und Kinder, ihr Großstadtleben waren der hohe Preis für ihren Wunsch, anders als ihre Mutter zu sein. Sie hatte sich mit dem Image ihres Vaters identifiziert, der ihr das Gefühl gab, etwas „Besonderes" zu sein. Ihr unzureichendes Selbstgefühl und die Rebellion gegen ihre als schwach erlebte Mutter absorbierten den größten Teil ihrer Energie und ließen sie ohne Kraft zurück, sich ihrer eigenen inneren Realität anzunehmen und die eigenen Gefühle auszudrücken. Ein wichtiger Teil ihrer Selbsterfahrung bestand darin, die Bedeutung ihrer Fassade zu verstehen. Es wurde bald deutlich, dass ihr Image und ihr Inneres einander widersprachen. Sie fühlte sich im tiefsten Inneren schuldig und wie eine Versagerin, die nicht das Recht hat, in ihrem Wesen beachtet zu werden, geschweige denn ihre Gefühle auszudrücken. Nachdem

Agnes die Ursachen ihrer Ängste durcharbeitete und ihnen ins Auge sehen konnte, wurde es ihr Schritt für Schritt möglich, mit mehr Gefühl und weniger Sorge um ihr Image zu leben. Einmal besuchte sie mich sogar ungeschminkt. Das war ein Quantensprung für sie, nachdem sie die witzige Vorstellung hatte, sie sei wohl schon geschminkt zur Welt gekommen.

Diesen Hang zur Anpassung als pure Eitelkeit abzutun wäre Heuchelei. Nur Eremiten ist es egal, welchen Eindruck sie auf andere machen. Wer aber zu sehr abweicht von dem, was er ist, wird sich selbst fremd. Entscheidend ist wohl das Maß, in dem der Hang zur Anpassung gelebt wird. Es gilt, die geschickte Balance zwischen Selbstannahme und Rücksicht auf andere zu finden.

Eine positive Einstellung vermitteln

Menschen mit hoher Selbstachtung sind relativ leicht zu erkennen. Sie reagieren alle irgendwie ähnlich, sie denken positiv über sich selbst, glauben an ihre Fähigkeiten, fühlen sich willkommen und wertgeschätzt und mögen andere Menschen. Aber wie kommt es, dass Menschen sich selbst verachten oder abwerten und bewusst oder unbewusst mit dem Misslingen rechnen und stets im Bann des Negativen leben? Wir kennen alle solche Anflüge niedriger Selbstachtung: das vorschnelle Ja, mit dem wir eine Zusage machen, die sich als Nein gegen uns selbst herausstellt; die Angst, sich zu blamieren oder eine Blöße zu zeigen; das Imponiergehabe bei Empfängen oder Festen; abwertende Selbstgespräche oder Selbstverachtung nach erlebten Enttäuschungen.

Mehrere Forschungsarbeiten aus dem amerikanischen Raum haben sich dieser Problematik angenommen und festgestellt: Menschen mit niedriger Selbstachtung kennen und verstehen sich selbst nicht genügend. Die Folge davon: Sie sind in ihren Wahlmöglichkeiten eingeschränkt; sie sind unsicher, was sie aus ihrem Leben machen können, mit wem sie tragfähige Beziehungen eingehen und welche Umgebung sie am besten zur Entfaltung ihrer Kräfte brauchen könnten.

Eine äußerst aparte junge Frau, beliebt und begehrt, die es liebt, „Hof zu halten“, versinkt immer wieder, wenn sie sich unbeachtet fühlt, in Selbstzweifel wegen ihrer roten Haare und der Sommersprossen im Gesicht. Als Mädchen wurde sie deswegen vor allem von den Klassenkameraden gehänselt. Und noch heute leidet sie unter dem Gefühl, „nicht richtig“ zu sein. Was hatte sie schon alles probiert, vom Haarefärben bis hin zum Abdecken ihrer Pigmentierung. Nichts half, nicht einmal ihre vielen Verehrer, die ihr immer wieder versicherten, wie interessant und erotisch sie sei. Erst nach einem Englandaufenthalt, wo sie entdeckte, dass sie eine von vielen „Roten" war und dass sie mit ihrer Sprachbegabung und ihrem Charme viel mehr zu bieten hatte als eine glänzende Fassade – nämlich auch Köpfchen –, konnte sie so langsam entdecken, was es heißt: „Ich bin in Ordnung, so wie ich bin – auch mit meinem Sternenhimmel auf der Nase."

Menschen mit wenig Selbstachtung verfügen über weniger Bewältigungsstrategien und fühlen sich daher schneller überfordert von belastenden Erfahrungen oder zu erwartendem Stress. Sie leben im Bann der Angst und ziehen die Einschränkung ihrer Möglichkeiten herbei, selbst wenn noch viele Wege offen stehen. Ihr Leben ist mehr auf Selbstschutz als auf Selbstentfaltung ausgerichtet. So verschiebt sich oft die Rangordnung der Dinge, vieles wird übermäßig bedeutsam und wichtig, was andere längst nicht so ernst nehmen. „Obwohl ich weiß, dass es eigentlich immer gut läuft, ist jedes Seminar für mich ein echter Alptraum. Schon Tage vorher stelle ich mir alles in den schwärzesten Farben vor – das neue Bett, die Bahnfahrt und das gemeinsame Essen. Jedes Mal denke ich, dies Mal schaffe ich es nicht", so die typische Beschreibung einer Auszubildenden. Wenn solche Menschen Einbußen in Kauf nehmen müssen, führt dies mitunter zu dramatischen Reaktionen. „Wenn diese Prüfung misslingt ... habe ich keine Lust mehr zu leben ... dann ist alles aus", sagte ein junger Student, der die dabei empfundene Einbuße an Selbstachtung unerträglich fand, weil er sich ausschließlich über seine Leistungen identifizierte.

Menschen, die sich selbst vertrauen, haben Mut zum Risiko, ihnen wächst sogar aus Misserfolgen oder Versagen immer irgendein Ansporn zu. Sie leben dieses schöpferische „Trotzdem" oder „Jetzt erst recht!", während selbstunsichere Menschen Risiken vermeiden, aus Angst zu scheitern und abgelehnt zu werden. Menschen, die negativ gepolt sind, haben es schwer zu unterscheiden, ihre Grundeinstellung zu sich selbst färbt auch auf die Mitwelt ab.

Letztlich wollen sie jedoch positiv über sich denken und sind am Aufbau ihrer Selbstbestätigung interessiert, nur wissen sie nicht, wie sie dieses Bedürfnis befriedigen und unmittelbarer ausleben können. Der amerikanische Sozialpsychologe R. F. Baumeister betont, dass niedrige Selbstachtung weniger mit der Überzeugung zu tun hat, wie schlecht und verachtenswert man sei, als vielmehr mit einem Mangel an Erfahrungen, die dafür sprechen, dass man gut und achtenswert sei. Sein Kollege Steele bestätigt, dass es genügt, sich in einem Teilbereich sicher zu fühlen. Man muss nicht auf allen Gebieten erfolgreich sein. Wenn Personen sich in einem Bereich ihres Selbst bedroht fühlen oder versagt haben, sind sie motiviert, einen Ausgleich auf einem anderen Gebiet zu suchen – so das Ergebnis einer von ihm durchgeführten Studie, bei der die Teilnehmer als schlechte Autofahrer kritisiert wurden. Bei ihnen ergab sich eine auffallende Steigerung an Hilfsbereitschaft im Vergleich zu einer Gruppe, die als gute Autofahrer gelobt wurden. Nach der Devise: „Wenn ich schon schlecht Auto fahre, dann bin ich wenigstens hilfsbereit." Wenn Schwächen nur Teilbereiche betreffen, so sind sie leichter zu kompensieren, da Menschen generell eine positive Sicht von sich selbst aufrechterhalten und die Integrität ihrer Person wahren wollen.

Wenn jedoch Menschen in ihrem Innersten, „in ihrer Substanz", getroffen sind, dann geht das, wie eine in ihrem Beruf gescheiterte Frau meinte, „an die Nieren". Hier bedarf es eines guten Netzwerkes von Familie oder Freunden bis hin zur professionellen Hilfe. Wenn jemand in seiner Existenz getroffen ist, geht es um den Wert der Gesamtpersönlichkeit, der sich in seiner Gesamtheit auf neuen Sinn ausrichten und leben lernen muss. Wert ist immer Bezogensein auf etwas hin, das mehr und bedeutsam ist und den Einzelnen in seiner Gesamtheit aufwertet. Darum ist Wert, wie der Psychotherapeut Viktor Frankl aufgezeigt hat, immer verbunden mit der Frage nach Sinn. Frankl konnte belegen, dass Menschen, die den Willen zu leben aufgegeben haben, weil sie den Glauben verloren hatten, dass ihr Leben überhaupt einen Sinn hat, viel eher an Krankheiten sterben. Erst wenn Menschen fühlen, was in ihnen vorgeht und in welchem größeren Sinnzusammenhang dies zu verstehen ist, können sie abgewehrte Ängste und Aggressionen annehmen lernen.

Das Spannungsvolle menschlicher Existenz liegt gerade darin, dass der Mensch sich entwickelt und verwirklicht in dem Maß, als er Werte anerkennt und sich aneignet, also sich einem Sinn öffnet, der größer ist als er selbst. Das kann ein Segen sein: Bindung an Höheres, Loyalität mit anderen, Einsatz für andere.

Sich selbst erfahren

Eine Frau schrieb: „Ich habe festgestellt, dass es möglich ist, einfach dazusitzen, mich lediglich zu spüren, ohne etwas zu tun oder zu denken, und jede Sekunde davon zu genießen." Den meisten Menschen ist nur wenig darüber beigebracht worden, wie sie das stärkste Werkzeug, das sie besitzen, nutzen können – Achtsamkeit, die unmittelbare Aufmerksamkeit auf die eigene Präsenz. Wann immer wir achtsam präsent sind – ganz gleich, was wir gerade tun –, erfahren wir uns selbst.

Jeder kennt solche Momente der Hingabe, die auf ganz natürliche Art und Weise entstehen, wenn unsere Gedanken zur Ruhe kommen, beim Erwachen aus tiefem Schlaf, bei einer Tasse Tee, beim Sonnenbaden, auf einem Spaziergang, beim Klavierspielen. Wenn wir ruhig werden und von den äußeren Notwendigkeiten nach innen gelenkt sind, sind wir dort, wo wir hingehören – in unserer Mitte. Vergangenheit und Zukunft werden unbedeutend, nur die unmittelbare Verbindung zur Gegenwart existiert. Ein Zustand, der sich auf ganz natürliche Weise ereignen kann beim Geschirrspülen, beim Autofahren, beim Malen, beim Sonnenuntergang oder bei der Gartenarbeit.

Die Kunst der Achtsamkeit lässt sich in drei Schritten beschreiben: sich achtungsvoll zuhören; offen sein für die Gefühle, die auftauchen; sich selbst trösten. Auch wenn niemand da ist, kann man das für sich selbst tun. Manchmal genügen ein paar tiefe Seufzer, die die inneren Anspannungen auflösen und den Strom der Gefühle öffnen. Diejenigen, die die Konzentration aufbringen, regelmäßig und über längere Zeit hinweg zu meditieren, berichten über tiefgehende Erfahrungen innerer Wandlung, vertiefter Gelassenheit, von Klarheit und Einfühlungsvermögen. Eine verbreitete Methode besteht darin, sich auf die eigene Atmung zu konzentrieren. Andere finden es wieder leichter, sich auf ein Objekt auszurichten – eine Kerze, einen Stein oder eine Blume. Oder sie versuchen beim Ausatmen ein einfaches Wort aus ihrer religiösen Tradition zu wiederholen – wie beispielsweise Kyrie eleison. Die faszinierende Wirkung der Meditation ist, dass sie die Aufmerksamkeit erweitert. Je mehr man seine Aufmerksamkeit auf einen bestimmten Punkt zusammenzieht, desto mehr erweitert sich spontan die Wahrnehmung. Ich beobachte dieses Phänomen auch, wenn ich Frauen Strick- oder Stickarbeiten verrichten sehe: Sie entscheiden sich freiwillig, ihre Aufmerksamkeit darauf einzuengen, stundenlang feine Nadelstiche zu machen. Warum? Weil sie sich besser fühlen bei dieser Art von Meditation, in der sie ihren Aufmerksamkeitsfokus in einem solchen Maß einengen, dass sie in einen anderen, erweiterten Bewusstseinszustand gelangen.

Sich selbst zu spüren ist für viele zunächst nicht einfach, aber mit etwas Ausdauer und Disziplin wird es von Mal zu Mal leichter. Ein Nebeneffekt besteht darin, dass Stress vermindert wird und der Kampf-Flucht-Mechanismus gedämpft oder ausgeschaltet werden kann. Diese positiven physiologischen Nebenwirkungen sind für viele der Einstieg in Meditationspraktiken, um von da aus tiefer in die Selbsterfahrung einzutauchen und die Vorzüge wachsender Selbstachtung zu genießen.

Eine andere heilsame Methode ist die Selbsterfahrung mit Hilfe von Träumen. Um sich dieser Methode zu bedienen, bringen Sie einen Traum, an den Sie sich besonders gut erinnern, zu Papier. Am besten in der Gegenwartsform, als würde er sich jetzt ereignen. Auf diese Weise können Sie den Traum noch einmal nacherleben. Der nächste Schritt besteht darin, dass Sie sich mit jedem Teil des Traumes so identifizieren, als wäre er ein Teil von Ihnen, also z. B. „Ich bin das Haus …“, „Ich bin die Katze …“, „Ich bin der Verfolger …“ Wenn Sie sich mit diesen unterschiedlichen Teilen beschäftigen und sich mit ihnen anfreunden, werden Sie merken, dass die Energien, die auch in abgelehnten Teilen gebunden waren, frei werden. Sie werden sehen, um wie viel reicher Ihr inneres Inventar ist, als Sie bisher angenommen haben.

Das moderate, kraftintensive Laufen ist ebenfalls eine heilsame Art der Selbsterfahrung. Von den körperlichen Wohltaten dieser einfachen Methode ist inzwischen genügend bekannt. Laufen ist aber nicht nur für den Körper wohltuend, es steigert auch die Selbstachtung. Was immer hilft, „Ja“ zu uns und zu unserem Körper zu sagen, trägt auch zur Selbstbeachtung bei. Unser Gefühl von uns selbst steht dann im wahrsten Sinn des Wortes auf festeren Beinen, wir haben mehr Selbstvertrauen und „Stand“. Eine kalifornische Studie ergab sogar, dass Menschen, die regelmäßig laufen, auch öfter lieben – weit über dem Durchschnittswert ihrer nicht-laufenden Altersgenossen.

Die meisten Menschen haben in ihren Hausapotheken genügend Mittel für die kleineren Unpässlichkeiten oder Notfälle. Genauso könnte man sich auch eine seelische Hausapotheke zulegen für Zeiten, in denen die Selbstachtung der Pflege bedarf. Sei es, weil zu wenig Beachtung von außen zufließt; sei es, weil wir uns besonders viel für andere eingesetzt und uns dabei vielleicht verausgabt haben; oder auch, wenn wir uns verletzt, enttäuscht oder einsam fühlen und kein anderer da ist, der uns etwas zugute kommen lässt.

Hier ein paar Hilfsmittel, die dazu beitragen, sich selbst wieder näher zu kommen und sich daran zu erinnern, dass man sich auch ein wenig „Beachtungsvorrat“ anlegen kann:

- Ein Notizblock, in den Sie sich alles von der Seele schreiben, was Sie momentan beschäftigt: Gedanken, Träume, Sehnsüchte, Ideen, Gedichte.
- Schreiben Sie Briefe, die Sie nicht abschicken.
- Besuchen Sie einen Baum in der Umgebung, der Sie anzieht. Lehnen Sie sich an den Baum und lassen Sie Ihre Gedanken schweifen. Stellen Sie sich vor, wie Sie zu diesem Baum eine innere Verbindung aufnehmen, und erzählen Sie ihm alles, was Ihnen auf dem Herzen liegt. Vielleicht mögen Sie ihn auch umarmen und seine Wärme spüren und in sich aufnehmen.
- Legen Sie eine CD oder Kassette mit Musik auf, die Sie lieben. Geben Sie sich ganz der Musik hin, selbst wenn dabei starke Gefühle hochgeschwemmt werden. Das entlastet und hat reinigende Wirkung.

- Vielleicht mögen Sie Ihre momentane Stimmung lieber in Farben und Formen ausdrücken. Die künstlerische Qualität des Bildes ist unwichtig; was zählt, ist der Fluss Ihrer spontanen Eingebungen.
- Reisen Sie ins Land des Lächelns und lächeln Sie sich selbst zu. Es gibt kein besseres Mittel gegen negative Gedanken als ein nach innen gerichtetes Lächeln. Selbst wenn Ihnen nicht danach ist, verziehen Sie Ihren Mund zu einem Lächeln, das nur Ihnen gilt. Das ist ein wunderbares, einfaches Mittel, das die eigenen Vorzüge unvermerkt wieder an ihren Platz rückt.
- Und wenn alles nichts hilft, gibt es immer noch die gute, alte Wärmflasche, mit der Sie sich ins Bett zurückziehen und ein bisschen Wärme und Geborgenheit tanken, vor allem wenn es draußen kalt ist und keine warmen Füße eines anderen Menschen da sind, an denen man sich aufwärmen kann.

Nicht gesehen werden

Nicht gesehen werden ist Bestandteil unseres Alltags. Deshalb drängt sich die Frage auf: Wie werden Menschen damit fertig? Jeder kennt es: das Kind, das auf sein Zimmer geschickt wird, der Jugendliche, der aus der Schulklasse ausgeschlossen wird, der Single, den niemand einlädt, der Arbeitslose, der sich allein gelassen fühlt, Freunde, die keine Zeit füreinander finden, und das Paar, das sich nichts mehr zu sagen hat. Allen Beispielen gemeinsam sind Erfahrungen des Getrenntseins von Quellen der Beachtung und von Sinnbezügen. Diese schmerzlichen Erfahrungen treiben Menschen auf sich selbst zurück. Das Gefühl des als schmerzlich empfundenen Abstands und das damit einhergehende Verlangen nach Verbundensein löst quälende Gefühle aus. Immer läuft es darauf hinaus, dass man auch seinen inneren Ort verliert. Man fühlt sich ungeliebt, nutzlos, überflüssig, wertlos. „Man fühlt sich eingeschlossen in sich selbst", beschrieb eine junge Studentin diesen bedrückenden Zustand.

Menschen legen und nageln einander auf bestimmte Eigenschaften fest, und je länger sie es tun, desto größer die Gefahr, dass die Betroffenen auch selbst an die Richtigkeit des Urteils der anderen glauben und ihre Zuschreibungen übernehmen. „Ich kam einfach nie an … egal was ich machte. Mit der Zeit hatte ich selbst das Gefühl, ich sei nicht richtig, nicht wie die anderen." Dieses junge Mädchen, das sich durch Nichtbeachtung und Ablehnung geächtet fühlte, spricht für viele, die mitunter ein Leben lang damit beschäftigt sind, durch manchmal merkwürdige Machenschaften, Intrigen, auffällige Kleidung oder provokatives Verhalten Beachtung zu erringen.

Leider haben wir viel zu selten die Gelegenheit, hinter die Kulissen solchen Verhaltens zu schauen. Aber vielleicht lassen wir uns davon auch zu sehr beeindrucken und geben anderen keine Gelegenheit, uns etwas davon zu zeigen, was sich dahinter verbirgt.

Ich möchte Sie deshalb ermuntern, nicht gleich abzuwinken, wenn Sie jemand durch auffälliges Verhalten provoziert. Dahinter steckt oft der Wunsch, gesehen zu werden.

Auf uns wirkt, wie andere uns wahrnehmen, ob sie uns mögen oder ablehnen, ob sie uns anziehend oder abstoßend finden, ob sie uns als vital oder schwach empfinden, ob sie uns sehen oder übersehen. Eine der gravierenden Folgen mangelnder Beachtung sehe ich in einem Phänomen, das seit einigen Jahren verstärkt auftritt und beängstigende Dimensionen angenommen hat: Gewalt- und Hassausbrüche, die nun auch vor Schulen nicht mehr Halt machen – sei es, indem man einer fundamental empfundenen Beachtungslosigkeit durch Gewalttaten zu entkommen versucht, sei es, indem man aus Langeweile, Bindungslosigkeit oder Gleichgültigkeit gewaltsam wird und seinen Lebenswillen zeigt, indem man seine zerstörerische Energie demonstriert. Ein neunjähriger Schüler antwortete einmal auf die Frage, was er denn einmal beruflich machen wolle: „Ich will einmal Mörder werden." Heute ist er ein guter Rechtsanwalt geworden, weil er genügend gute Beistände fand, die ihm Ermutigung und Werte vermittelt haben.

Wenn Menschen zu viel angestaute Gleichgültigkeit oder Herzlosigkeit in sich tragen, kann es passieren, dass sie ihre Wut blind ausagieren. „Als mein Mann fast nur noch schwieg und mich wie schlechte Luft behandelte, bin ich fast wahnsinnig geworden. Ich habe seine kostbaren Gläser zertrümmert und merkte gar nicht, wie mir das Blut aus den Fingern rann … ich war wie von Sinnen und wollte ihn nur noch schlagen, einfach weil ich ihn dazu bringen musste, dass er endlich mal wieder mit mir spricht", so die Aussage einer Frau. Aus Nichtbeachtung kann selbstherrliche Gewalt entspringen, der außer sich selbst alles bedeutungslos wird, selbst der Schmerz. Als Ausgleich für eine nicht beachtete Existenz wird der große Schock gesucht. „Wenn ihr mich schon nicht beachtet, dann ist mir auch alles egal", so könnte ein Motiv lauten. Es geht dabei auch um eine demonstrative Aktion mit dem Ziel, endlich einmal beachtet zu werden. Wer sich nicht einbringen kann, nirgends dazugehört und nicht beachtet wird, sucht oft die Identifikation mit dem Verächtlichen. Wem der Zugang zur mitmenschlichen Beachtung versperrt ist, der sucht ihn über den Gegenpol, die Verachtung.

Eine eindrückliche Lektion darüber erhielt ich durch einen Schüler. Er schaffte es in kürzester Zeit, die Ablehnung der ganzen Klasse auf sich zu ziehen. Ständig redete er dazwischen, machte sich über andere lustig und provozierte sie mit verächtlichen Bemerkungen. Als ich ihm begegnete, konnte ich nur allzu gut nachvollziehen, dass sich alle abgestoßen fühlten. Doch oft genug hatte ich erlebt, dass sich hinter abstoßendem Verhalten viel Leid und Verzweiflung verbirgt. In einer ruhigen Minute erzählte dieser Junge mir, wie er neben seiner alkoholkranken Mutter schreckliche Szenen erlebte und ständig auf der Lauer lag wegen ihrer extremen Unberechenbarkeit. Nie fühlte er sich sicher, wie aus heiterem Himmel erlebte er Stimmungseinbrüche, auf die er sich keinen Reim machen konnte. Er entwickelte sehr feine Antennen für die wechselnden Gefühlslagen seiner Mutter, aber er selbst hatte keinen Ort, wo er seine Gefühle „deponieren“ konnte, außer durch aggressives Verhalten gegenüber seinen Kameraden. Hinter seinem groben, verächtlichen Verhalten konnte ich plötzlich den verängstigten, liebevollen Jungen sehen, der alles für seine Mutter tat, um ihre Stimmungen auszuhalten und ihr Verhalten vor den Nachbarn zu verbergen.

Leider haben wir nicht immer die Möglichkeit, hinter die Fassaden zu schauen. Man sollte sich aber immer wieder einmal daran erinnern, dass Menschen, die durch ihr Verhalten andere abschrecken, meist viel Leid und Verzweiflung in sich tragen. Oft genug wird man erleben: „Grobe Schale – weicher Kern“. Es lohnt sich, einen Blick auf den Menschen zu werfen, der einem begegnet. Schauen Sie ihm in die Augen. Oder vielleicht entdecken Sie ein paar liebenswerte Züge um seinen Mund, oder irgendein anderes liebenswertes Detail. Lassen Sie sich nicht zu sehr beeindrucken von negativen Signalen. Es gibt immer etwas zu entdecken, was auf den Menschen verweist, der dahinter steckt.

Weiß man mehr über den anderen und versteht womöglich, was hinter den Kulissen dieses Verhaltens abläuft, dann kann man meist nicht anders, als diesen Menschen zu akzeptieren. Mitunter wächst aus dem Akzeptieren sogar ein Stück Mitgefühl.

Hinter die Kulissen schauen

Wer mit Menschen zu tun hat, die sehr beachtungsbedürftig sind, da sie gefühlsmäßig nie richtig satt wurden, und ständig damit beschäftigt sind, anderen Beachtung abzuringen, gerät immer in komplexes Gebiet und wünscht sich Wegweiser und handfeste Ratschläge. Das fängt schon früh an. Soll man seinem schreienden Kind Beachtung schenken, oder soll man es einfach schreien lassen? Soll man den Wünschen seiner pubertären Tochter nachgeben oder lieber Nein sagen?

Es gibt keine einfachen Rezepte, sondern alles muss im konkreten Umgang immer wieder neu ausgehandelt werden. Allerdings gibt es einige gesellschaftliche Faktoren, die man berücksichtigen sollte. Zunächst sind es die wachsenden Ansprüche an Beachtung, dann der gesteigerte Appetit und die unstillbaren Wünsche, etwas Besonderes zu sein und dafür auch mühelos und unmittelbar Bestätigung zu erhalten. Diese Sehnsucht führt dazu, dass narzisstische Strukturen entstehen, durch die Menschen immer unersättlicher und neidischer werden oder sich gegenüber anderen benachteiligt fühlen und dann zu aggressiven und destruktiven Reaktionen neigen. Das erklärt auch die Zunahme an Rachsucht, die aus der Enttäuschung konsumgeprägter Bedürfnisse nach „gerechter", verdienter Beachtung entsteht.

Psychologisch ist aber noch weiter zu fragen. Warum schwanken bei manchen Menschen die Gefühle derart extrem zwischen Idealisierung und Verachtung? Warum gelingt es ihnen nicht, beispielsweise das Scheitern ihrer Ehe als schlechte Erfahrung zu akzeptieren, die ihnen eine Quelle der Beachtung abschneidet, und zu erkennen, dass sie weitergehen sollten? Das hat zunächst einmal mit der Idealisierung ihrer Beziehungen zu tun. Solange Menschen andere idealisieren und sich über-gefügig auf andere Menschen einstellen, sind sie auch gefährdet im Moment des

Scheiterns. Dann zerbricht jeder Kontakt, weil das idealisierte Bild zerbrochen ist. Dies hat auch mit Enttäuschungen zu tun, die aus der Kindheit stammen. Menschen übertragen frühe negative Beziehungserfahrungen auf die Gegenwart und können deshalb nicht mehr klar erkennen, was in der Gegenwart abläuft. In der Psychologie nennt man das „Projektion". Wir projizieren, d. h. wir werfen ein Bild auf jemanden in dem Sinn, dass wir unsere neuen Geschichten wie durch eine Brille im Lichte unserer alten Geschichten sehen. Das bedeutet also, dass wir auf Menschen, denen wir heute begegnen, wie auf unsere Eltern, Geschwister oder andere wichtige Bezugspersonen reagieren.

Wenn jemand nur ein Entweder-Oder kennt – er muss ganz geliebt sein, oder er ist verlassen und verachtet –, dann handelt es sich um eine Projektion, die aus früheren Erlebnissen stammt. Diesen Menschen droht immer wieder die vertraute Panik des verlassenen Kindes. Aber Änderungen in diesem Bereich unterliegen nur zum Teil der Einsicht und dem Willen. Sie sind zu einem großen Teil abhängig von der Wirkung vertrauenerweckender und lebensbejahender Neuerfahrungen. Andererseits gibt es Möglichkeiten, sich selbst von überholten Projektionen zu lösen. Am besten probieren Sie dies erst einmal an sich selbst aus. Wenn Sie sich wieder einmal verlassen oder zurückgestoßen fühlen, dann sagen Sie innerlich „Halt!" Atmen Sie mehrmals tief durch und verschaffen Sie sich eine Pause. Diese Pause ist notwendig, denn ihre Emotionen müssen erst einmal ein wenig „runtergefahren werden", damit Sie wieder klar denken können. Sobald Sie sich beruhigt haben, überlegen Sie einmal: An welche Erfahrung meiner Kindheit erinnert mich das aktuelle Erleben? Worum geht es mir wirklich? Was war die Ursache?

Wenn Sie in der Lage sind, nicht mehr „ferngesteuert" auf Reizsituationen zu reagieren und zu unterscheiden, was aus der Vergangenheit heraufgeschwemmt wurde und was aktuell ist, dann werden Sie auch besser verstehen, was in anderen vorgeht, die auf Sie ihre alten Geschichten projizieren. Wirkliches Interesse und echte Anteilnahme am Schicksal anderer, auch wenn wir manchmal vorschnell dazu neigen, uns abzuwenden, können

Helfer sein, um zu verstehen, weshalb jemand zu dem geworden ist, was er ist. Zumindest steckt es die anderen an, wenn wir ihnen Mitgefühl und Anteilnahme entgegenbringen.

Gibt es eine praktikable Antwort auf die Frage: Wie begegnet man Menschen, die einerseits Opfer mangelnder Beachtung sind und nach Entschädigung verlangen und andererseits zu Tätern werden, die anderen das Leben zur Hölle machen? Weder die Bagatellisierung noch die Überhöhung seelischer Wunden hilft weiter. Es gibt Menschen, die solche Probleme bewältigen und in konstruktiver oder kreativer Weise umsetzen. Und es gibt andere, die diesen Weg nicht allein schaffen. Sie brauchen Hilfe von außen. Was aber alle Betroffenen brauchen, ist Zuwendung und Anteilnahme für Geschehenes. Das bedeutet vor allem, sich bewusst machen, dass man mehr ist als die Summe seiner Verletzungen. Es heißt: offen bleiben und sich nicht verhärten, um die Chancen und Herausforderungen, die das Hier und Heute bietet, wahrzunehmen. Und das heißt auch: ertragen und anerkennen, dass Beachtung, die wir im täglichen Leben finden, immer begrenzt, unsicher, unvollkommen, mitunter mühsam und an Bedingungen geknüpft sein wird. Es gehört zu unseren grundlegenden Eigenschaften, dass wir verwundbar sind, wenn wir zu wenig Beachtung erhalten. Aber wir besitzen auch wertvolle Helfer, die uns unterstützen, Begrenzungen zu ertragen: Humor, Kreativität und die Besinnung darauf, wer wir sind und was wir haben.

Nicht mehr übersehen werden

Eine Frau in einer Gruppe meinte: „Mir ist doch egal, wie ich aussehe!" Die Reaktion der anderen: „Aber wir müssen dich schließlich anschauen." Und ihr Nachbar, der sich als „beziehungsfaul" definierte, meinte: „Wenn ich nichts für meine Beziehungen tue, dann kann ich auch niemandem schaden." Manche Menschen erleben den offenen Ausdruck von Beachtungswünschen grundsätzlich als abzuwehrenden, peinlichen oder ungerechtfertigten Anspruch. Solange Menschen ihre spontanen Bedürfnisse verleugnen und abwehren müssen, weil ihnen womöglich Bescheidenheit und Zurückhaltung anerzogen wurden, kann man mit abwertenden Äußerungen rechnen.

Jeder verfügt über eine Reihe von Eigenschaften, Fähigkeiten und Vorzügen, die er – bewusst oder auch unbewusst – beachtet und geschätzt wissen möchte. Wie gelingt es nun, sich auf direktem statt auf verdecktem Weg Beachtung zu verschaffen? Ich habe dort nachgefragt, wo es noch unmittelbare und unbefangene Antworten gibt – bei den Kindern. Die Antworten waren aufschlussreich und berührend: Julia (7 Jahre): „Man muss geduldig sein und warten, damit man was kriegt, und man muss auch die anderen beachten." Inge (10 Jahre): „Wenn ich gute Noten heimbringe, dann krieg' ich immer was Besonderes – meistens was Süßes." Jan (6 Jahre): „Wenn ich meiner Mama beim Geschirrabtrocknen helfe oder beim Backen, dann liest sie mir manchmal eine Geschichte vor oder spielt mit mir." Jutta (9 Jahre): „Wenn mein Papa gerade beschäftigt ist, dann warte ich lieber und denke mir was aus. Wenn er wieder Zeit hat, dann machen wir meistens was zusammen. Ich bin froh, dass ich warten kann, denn danach macht es immer ganz viel Spaß." Uwe (6 Jahre): „Ich muss immer ‚bitte' sagen, dann kommen sie auch." Ingo (5 Jahre): „Dann spiel' ich ganz laute Musik." Ute (5 Jahre):

„Manchmal kitzle ich die Mama oder ärgere sie, oder ich lauf' einfach weg, bis sie mich sucht.“ Eva (11 Jahre): „Wenn ich krank bin, dann krieg' ich eigentlich am meisten Beachtung.“

Kinder wissen also schon früh, dass es kreative Wege gibt, um die nötige Beachtung zu erhalten, wie beispielsweise das Warten auf den rechten Moment, das Fragen und Bitten oder das Krankwerden. Natürlich versuchen sie auch durch Drohungen, Provokation, Racheakte und Aggressionen, Beachtung zu erzwingen. Das ist nur allzu menschlich und verständlich. Aber spätestens als Erwachsene lernen die meisten, dass sich durch solche harten Strategien nichts Dauerhaftes erzwingen lässt. Beachtung ist nur auf dem Boden echter Wertschätzung möglich.

Der Wunsch nach Beachtung kann sich als eine lebenswichtige Kraft zum Guten oder zum Bösen erweisen. Das Gute wie das Böse und sämtliche Zwischenstufen hängen ab von der Richtung und vom Ziel, die sich jemand vorgenommen hat, um sich Beachtung zu verschaffen. Ob man sie erhält, liegt nicht immer in den eigenen Händen, aber man kann seine Richtung bestimmen oder eben dem Zufall überlassen. Wir alle brauchen helfende Hände und wachsame Augen, die uns motivieren, diese mächtige Antriebskraft auf sinnvolle und lebensbejahende Weise zu nutzen. Denn diese Triebkraft kann, ist sie auf positive, lebensfreundliche Ziele ausgerichtet, zu höchst beflügeltem Einsatz und großen Leistungen führen, die nicht nur dem Einzelnen, sondern auch der Gemeinschaft dienen. Dabei denke ich an die vielen, die anderen praktische altruistische Lebenshilfe geben – und zwar gratis!

Sigmund Freud hat formuliert: „Wenn man der unbestrittene Liebling der Mutter gewesen ist, so behält man fürs Leben jenes Eroberungsgefühl, jene Zuversicht des Erfolges, welche nicht selten wirklich den Erfolg nach sich zieht.“ Hatte man nicht das Privileg, uneingeschränkter Liebling der Mutter zu sein, so bleibt immer noch die einfachste und wirksamste Methode: Man bittet um Beachtung, weder unterwürfig noch überheblich, sondern ganz schlicht, einfach weil man Beachtung braucht.

Eine Bitte hat oft magische Wirkung. „Bitte hör mir zu! Ich möchte dir etwas mitteilen, was ich schon lange mit mir herumtrage." Oder: „Bitte schau mich an!" Oder: „Bitte unterstütze mich, ich fühle mich so kraftlos!" Oder: „Gib mir deine Hand, ich möchte dich so gern nahe bei mir spüren!" Probieren Sie es aus, und achten Sie darauf, wie viel Sie nehmen können, ohne darüber nachzudenken oder in Gedanken abzuschweifen. Nicht jeder hat gleich viel Aufnahmevermögen. Man kann darauf gefasst sein, dass man eher wenig von dieser „Beachtungsnahrung" verdauen kann, wenn man sie nicht gewöhnt ist. Es geht dabei mehr um die innere Haltung, mit der Menschen ein Geschick entwickeln können, um sich Beachtung zu verschaffen: Beachtung entsteht häufig als Nebenprodukt unserer Bemühungen und Aktivitäten und tritt dann meist auf, wenn wir es gar nicht erwarten. Zum Beispiel dann, wenn wir völlig aufgehen in einer Tätigkeit, sei das nun Kochen, Musizieren, Geschichtenerzählen oder Unterrichten. Wenn wir in unserem Tun aufgehen und unsere eigenen Fähigkeiten ausschöpfen, dann erfüllt uns das mit Freude. Diese Freude wirkt magnetisch und löst auch bei anderen Beachtung oder Freude aus. Die Freude, die andere an uns haben, stimuliert auch uns selbst. Wesentlich dabei ist, dass wir einen Blick behalten für die vielen kleinen Freudennischen im Alltag, die vielleicht unscheinbar, aber eben doch nicht belanglos sind, denn sie tragen entscheidend dazu bei, dass wir uns ein „Beachtungspolster" zulegen. Das Selbstgefühl, das wir erleben, wenn wir uns einer Sache wirklich hingeben, ist das Gefühl eines selbstverständlichen Selbstvertrauens. Dazu gehört auch, dass man sich beachtenswert fühlt, ohne dass man besonders bedeutsam sein muss. Es ist in solchen Situationen einfach selbstverständlich, man denkt gar nicht mehr darüber nach. Man muss sich nicht mehr Achtung verschaffen, man hat sie. Man kann sich den anderen und der Welt öffnen, weil man nichts mehr zu beweisen hat.

Eine schöne Geschichte, wie man es schafft, nicht übersehen zu werden, verdanke ich einer jungen Frau, die gerade ihr Abitur machte. Eines Tages stand sie mit einem knallgelben Postauto vor meiner Praxis. „Bist du der Schule untreu geworden?", fragte ich sie, weil ich annahm, dass sie eine Stelle bei der Post angetreten hatte. „Nein, im Gegenteil, ich fahre seither viel lieber zur Schule, denn ich habe es satt, ewig die kleine, graue Maus zu spielen. Ich habe mir dieses Auto gekauft, weil ich endlich mal beachtet werden wollte. Und das klappt auch wirklich, plötzlich reden alle mit mir und wollen mitfahren. Keiner übersieht mich mehr – das tut unwahrscheinlich gut!"

Vielleicht sollte man öfter den Mut haben, Ausschau zu halten nach den kleinen Extras, Stärken und Vorzügen, die Aufmerksamkeit erwecken, weil sie uns unterscheiden und herausheben. Viele haben Hemmungen, positiv über sich zu reden oder sich selbst zu vertreten, und versäumen dadurch die Aufmerksamkeit, die ihnen zusteht. Eine Managerin mit vielen kreativen Ideen meinte: „Ich habe oft wirklich gute Ideen, aber dann komme ich mir wie eine Aufschneiderin vor; also schweige ich, und dann ärgere ich mich anschließend, weil die Männer in meiner Firma mir alles wegschnappen."

Besonders Frauen neigen dazu, Werte wie Bescheidenheit, Zurückhaltung und Herunterspielen zu verinnerlichen und zu verteidigen, da dies zur weiblichen Rollenvorschrift gehört, während positive Selbstdarstellung oft als Angeberei oder Aufdringlichkeit gewertet wird. Sich Beachtung verschaffen, indem man sich in seinem Können und seinen Begabungen zeigt, ist jedoch legitim. Klare und positive Selbstdarstellung, wo sie möglich und gefragt ist, heißt: sich mitteilen und sich dadurch Beachtung verschaffen. Dazu gehört auch, sich in Gruppen einzubringen. Mangelnde Teilnahme wird häufig als Desinteresse aufgefasst. Wenn wir uns nicht zeigen und anderen nicht mutig begegnen, wissen die anderen nicht, was wir wollen und erwarten. So ist es auch weniger wahrscheinlich, dass wir die Beachtung bekommen, die wir brauchen.

Eine schüchterne Frau, die gerade eine neue Arbeitsstelle antreten sollte, nahm zuvor Unterricht bei einem Schauspieler: „Seit ich dort gelernt habe, den Mund aufzumachen, unterbricht man mich nicht mehr so oft. Ich fühle mich wohler, und ich glaube, die anderen haben auch mehr Respekt vor mir. Und noch etwas Wichtiges – ich kann jetzt besser flirten." Diese Frau erscheint nicht nur selbstsicherer, sondern ist es auch. Wenn man in einem Lebensbereich etwas verändert, wirkt sich das immer auch günstig auf andere Bereiche aus, weil man merkt, dass man etwas bewirken kann. Vergleichbar ist das mit dem Domino-Effekt. Man gibt einem Stein einen kleinen Schubs, und schon bewegen sich viele andere Steine. Mitunter sogar mehr, als man zu träumen wagt.

Krankheit als Hoffnung, gesehen zu werden

Zwei Arbeitskolleginnen unterhalten sich über eine dritte: „Die ist doch nur krank, weil sie mal wieder Mitleid braucht." – „Kriegt sie denn immer noch nicht genug Beachtung, sie jammert doch ständig über ihre diversen ‚Wehwehchen'?" Diese Kolleginnen sprechen über das, was man in der Psychologie als „Krankheitsgewinn" bezeichnet. Der Zugewinn an Beachtung durch andere und sich selbst nimmt bei Krankheiten tatsächlich einen hohen Stellenwert ein. Allerdings ist Vorsicht vor dem Trugschluss geboten: „Die wird nur krank, weil ..." Menschen werden nicht krank, um Beachtung zu bekommen oder zu erzwingen, sondern sie entwickeln ein Leiden oder werden krank, wenn ihnen vielleicht zu lange und zu anhaltend Beachtung gefehlt hat. So hat ja auch niemand Wadenkrämpfe, „um Magnesium zu bekommen", oder eine Grippe, „um Vitamin C zu bekommen". Solche Zuweisungen können aber dazu beitragen, dass die betroffenen, tatsächlich kranken Menschen Schuld- und Versagensgefühle entwickeln.

Krankheiten können körperlicher Ausdruck eines Beachtungsnotstandes sein, der bisher ignoriert wurde. Menschen gesunden in nährenden Beziehungen und sie werden krank, wenn sie nicht gesehen werden. So antwortete eine Patientin auf die Frage: „Warum trinken Sie so viel?" tieftraurig: „Weil man mich nicht lieben lässt." Wer solche Defizite betrauern kann, ist zumindest in der Lage, sein Bedauern anzumelden, und muss nicht mehr verleugnen oder abwehren. Ein nächster Schritt wäre dann, herauszufinden, wie und wo das eigene Beachtungswerben auf steinigen Boden fällt, weshalb man sich vom Partner, von der Familie oder von den Freunden zu wenig genährt und getragen fühlt.

Psychologisch müssen solche seelisch bedingten Krankheiten damit erklärt werden, dass das Unterbewusstsein eine tiefe Sehnsucht nach Aufmerksamkeit, Zuwendung und Mitgefühl zu erfüllen versucht.

Insofern könnte man sogar fragen, ob nicht in jeder Krankheit so etwas wie eine „Binnengesundheit“ (Hans Saner) steckt, die uns wieder sehend für das macht, was wir bisher übersehen haben und schmerzlich vermissen. Besonders eindrücklich habe ich eine meiner ersten Patientinnen in Erinnerung, die vor vielen Jahren, als die Essstörung Bulimie noch nicht so bekannt war, unter ihrem schrecklichen „Geheimnis“ litt. Sie fühlte sich schuldig und wie ein „gieriges Monster“, verzweifelt auf der Suche nach jemandem, der vielleicht ähnliche Probleme hätte, weil sie sich selbst und ihr Verhalten überhaupt nicht verstehen konnte. Eine grässliche Nacht, in der sie Blut spuckte, brachte sie zu mir. Sie hatte Angst zu sterben und wollte sich wenigstens einem Menschen mitteilen: „Ich fühle mich furchtbar allein. Da ist niemand, der mich kennt, der weiß, wer ich wirklich bin. Ich habe mir mein eigenes Grab selbst geschaufelt … nur weil ich so verdammt gut nach außen dastehen wollte.“ Wenig später lernte sie in meinem Wartezimmer eine andere Frau kennen. Als diese zu ihr sagte: „Sie wissen gar nicht, wie gut Sie mir tun!“, löste sich etwas Unbeschreibliches in ihr. Sie wusste plötzlich, dass ihre Geschichte einen tiefen Sinn machte. Sie spürte: „Da gibt es noch Lebenskraft in mir, die für andere ein Segen sein kann.“ Ihre Entscheidung war gefallen: „Ich will leben. Und ich will alles einmal aussprechen und dann nie mehr darüber reden.“

Sich aussprechen, sich etwas von der Seele reden, aufschreien, klagen, weinen sind zwingende seelische Regungen. Und es sind menschliche Bedürfnisse. Wer nach Hilfe ruft, erstarrt nicht und bleibt nicht einsam. Er hat die Angst für einen Moment gebannt und passives Erleiden verwandelt in ein geteiltes Leiden. Manchmal genügt ein Gespräch, das wie ein Lebenselixier wirkt. „Wenigstens für eine Stunde bin ich wieder ins Leben gekommen“, so drückte es eine Frau aus, die unter tiefer innerer Angst litt.

Eine bemerkenswerte Erfahrung dazu teilte ich mit einer jungen Theologin. Als sie ihre Diagnose „Brustkrebs“ erhielt, stürzte sie in einen grenzenlosen Abgrund von Angst und Hoffnungslosigkeit. Sie begann, ihr Leben zu reflektieren und vor allem ihre Ehe, die sie als innerlich hohl, aber nach außen hin als gut funktionierend erlebte. Immer wieder gab es destruktive, demütigende Auseinandersetzungen, die aber stets damit endeten, dass er sie als die Schuldige und Aufsässige in Grund und Boden redete – bis sie schließlich selbst daran glaubte, sie müsse sich nur mehr bemühen und toleranter sein. Eines Tages kamen sie zu zweit. Wir sprachen über ihre neue Situation, über ihre Ängste und Bedürfnisse, als er nach längerem Schweigen meinte: „Was soll sich schon groß ändern? Schließlich habe ich ja auch noch einen Beruf." Später erfuhr ich, dass dieser Moment der Wendepunkt für sie war. Schlagartig wurde ihr klar, sie würde ihn verlassen. Und sie spürte im gleichen Moment, dass sie auch die Kraft dazu hatte.

Ein weiteres Beispiel macht deutlich, wie Krankheit auch zur Chance werden kann, sich selbst zu beachten und sich von Wunschvorstellungen zu lösen. Ich denke dabei an einen Bäcker, bei dem Diabetes diagnostiziert wurde. Dieser politisch aktive, angesehene, gesellige Mann, der sich immer eher auf der Sonnenseite des Lebens wähnte, erkennt plötzlich kristallklar, dass es so etwas wie eine Regulation der Beachtung gibt: „Wo sind bloß all die so genannten ‚Freunde' geblieben, jetzt, wo ich nicht mehr alles mitmachen und organisieren kann? Man kann sich eben nicht auf seinen Lorbeeren ausruhen, man kann sie nicht essen, und man kann sie auch nicht horten. Aber man bekommt immer so viel, wie man gerade braucht. Nicht mehr und nicht weniger. Und man bekommt es auch nicht im Voraus. Aber eben immer wieder. So wird man dankbarer und hat nicht mehr so viel Angst vor dem Älterwerden. Lust am Leben habe ich jetzt sogar mehr, weil ich weiß, dass alles – auch die Beachtung – ein Geschenk auf Zeit ist. Allerdings – ein sehr zerbrechliches", meinte er nachdenklich.

Krankheit kann zu einer Lebenserfahrung werden, an der man nicht zerbricht, wenn man sich als der Mensch, der man ist, beachtet und bejaht weiß. Die Medizin und Therapie ist das eine, die engsten Wegbegleiter und Freunde das andere – und besonders in Zeiten der Krankheiten lebenswichtig. „Am schlimmsten waren für mich nicht die Schmerzen, sondern das Alleinsein im Schmerz", so kommentierte dies eine Betroffene. „Jemanden haben, dem ich noch etwas bedeute. Das war für mich das Entscheidende, das mir die Kraft gab, mich am Leben zu halten. Darüber reden, Tränen vergießen und gemeinsam lachen, das verdanke ich nur meinen Freunden", so die Erfahrung einer Schmerzpatientin.

Wenn Krankheit mit der Hoffnung einhergeht, gesehen zu werden, dann sind Achtung und Freundlichkeit wichtige Wegweiser. Die Beachtung durch einen nahestehenden Menschen und Begleiter ist durch nichts zu ersetzen. „Im Grunde hilft nur ein anderer Mensch", meinte Eugen Drewermann. Wer krank ist, muss sprechen dürfen, um sich seiner Existenz zu versichern, und auch, um über sich selbst Sicherheit zu gewinnen.

Woran man als Nächster immer anknüpfen kann, ist die Sehnsucht des Menschen nach Bedeutung. Der Wunsch, sich bedeutsam zu fühlen, schlummert mitunter so tief, dass der Mensch von ihm bewusst nichts weiß und ihn nicht einmal bemerkt oder gar zugeben wird. Dennoch ist er vorhanden. Jeder, der Hilfe braucht, und sei es nur für kurze Zeit, sollte ein Gefühl für die eigene Bedeutung bekommen. Worte und Gesten, die Heil stiften wollen, beginnen dort wirksam zu werden, wo sie den anderen als einen besonderen Menschen behandeln, der zählt und den man nicht übergehen oder übersehen darf.

Das gewisse Etwas

„Ich musste einfach in ihrer Nähe sein. Von ihr ging so etwas Anziehendes aus, dass ich einfach immer hinschauen musste. Dabei hat sie gar nicht viel getan oder geredet – einfach ihre Präsenz hat genügt. Ich war wie verzaubert." – „Nicht was du sagst, sondern wie du es sagst, ist entscheidend", das hörte ich als Kind von meiner Mutter. Und heute, Jahre später, höre ich mich selbst die gleichen Sätze gegenüber anderen gebrauchen. Nicht was man tut, um Beachtung zu erlangen, sondern wie man es tut, ist ausschlaggebend.

Es gibt Menschen, die sich nur zu zeigen brauchen, und schon fliegen ihnen die Herzen zu. Schon Kinder verfügen über jene Gabe, die sie sich im Kindergarten und in der Schule leicht von anderen unterscheiden lässt. Manchmal verliert sie sich im Laufe der Jahre. Charmante Kinder erfahren mehr Anteilnahme und Aufmerksamkeit als weniger charmante. Dem charmanten Kind wird leichter verziehen. Es kann mit mehr Beachtung rechnen. Und weil es mehr Zuwendung und Ermutigung erfährt, wird es auch selbstbewusster und sozial aktiver – und damit in den Augen der anderen noch anziehender. Wie ist diese Gabe zu erklären? Schönheit? Nicht unbedingt. Figur? Mit der ist es oft nicht weit her. Stimme? Die muss nicht auffallend sein. Geld? Auch nicht Bedingung. Begabung? Die ist oft auch nicht überwältigend. Was also ist der Grund? Charme oder auch persönlicher Zauber ist eine schwer fassliche Eigenschaft. Kann man Charme erwerben oder antrainieren?

„Wenn ich mit jemandem zusammen bin, und ich spüre, der ist so offen und leicht, da kommt was rüber, da fühle ich mich einfach gut." Dieser Mann spricht also von dem gewissen Etwas, von jener unerklärlichen Anziehungskraft, die das Wesen eines Menschen durchflutet, die so weit gehen kann, dass sie selbst seine Eigenheiten oder Schwächen in faszinierende Qualitäten verwandelt. Solche Menschen können sich mitunter vieles erlauben, eigensinnig, kauzig oder komisch sein. Hauptsache, sie zeigen ihre Präsenz, die so viel ausstrahlt, dass man gern in ihrer Nähe ist. Sie können, ohne Umwege zu gehen, Widerstände auflösen, willfährig machen, weil sie die fundamentale Fähigkeit beherrschen, Gefolgschaft zu finden, Sympathie und Zustimmung zu mobilisieren. Es ist eine geglückte Übereinstimmung zwischen dem, was jemand sagt oder tut, und seinem Wesen. Beides ist miteinander auf das engste verwachsen und wird von außen als Echtheit erlebt. Solche Menschen sind sehr bei sich selbst – sie sind authentisch.

Eine positive Ausstrahlung ist keine geheimnisvolle Gabe, sondern erlernbar. Vorausgesetzt, man weiß, wie man die beiden magischen Wörter – Fragen und Bitten – einzusetzen versteht. Die meisten Menschen können Fragen oder Bitten nicht widerstehen, weil es sich um einen konditionierten Reflex handelt, dem man sich kaum entziehen kann. Wenn man jemanden fragt oder bittet, kann er dadurch seine Bedeutung erweisen – er fühlt sich beachtet aufgrund der herzerwärmenden Gewissheit, jemandem hilfreich zu sein. So profitieren beide, der Geber und der Empfänger. Man bekommt, was man wollte, und hilft dabei dem anderen, sich bedeutsam und hilfreich zu fühlen. Menschen mit Charme haben diese Gabe, dass sich andere in ihrer Gegenwart als bedeutungsvoller empfinden. Sie geben dem anderen das Gefühl, dass er bedeutsam und der Beachtung wert ist.

In gewisser Weise kann also Charme entwickelt werden, wenn wir anderen in unserer Gegenwart auf leichte und spielerische Art das Gefühl geben, bedeutsam zu sein. Zu betonen ist das Adjektiv „leicht“, denn Ellenbogen machen nicht charmant. Was nützt das Austeilen und Drängeln, wenn man die anderen dabei nur zur Seite drückt? Wer Menschen für sich einnehmen will, sollte sich durch etwas Tänzerisches, durch Heiterkeit und Großzügigkeit Spielraum verschaffen.

Natürlich ist die Gabe des „Leichtseins“, des „Flirtens mit dem Leben“ unterschiedlich stark ausgeprägt bei jedem Menschen, denn sie entspricht seiner Lebenskraft. Jeder Mensch erzeugt sozusagen Schwingungen, Wellen oder Wirbel in dem ihn umgebenden Raum. Es gehört Bewusstheit für die eigene Zauberkraft und die Berührung mit Menschen und Dingen sowie aktive Empfänglichkeit dazu, so dass die eigene Leuchtkraft durchscheinen kann. Eine Marktfrau, der ich auf dem Wochenmarkt begegnete, hat dies wunderbar ausgedrückt: „Nichts absichtlich herbeizwingen, sondern offen sein, dass alles geschehen kann. Dann wird alles ganz leicht."

Das Herz am rechten Fleck

Wenn Sie dem Geheimnis positiver Ausstrahlung auf die Spur gekommen sind und um Ihre Außenwirkung wissen, möchten Sie vielleicht wissen: Mit welcher inneren Haltung gelingt es, die eigene Leuchtkraft zu stärken?

Es gibt etwas in uns, das seine Gründe hat, die der Verstand nicht versteht. Dieses Etwas hat seinen Sitz im Herzen, das wir füreinander haben. Es führt über Anstandsregeln hinaus, die, wenn sie in der Förmlichkeit stecken bleiben, schnell unlebendig wirken. Das Herz ist unser Organ für das andere Fühlen. Der Verstand kann mit den anderen Gefühlen so wenig anfangen wie mit den eigenen. Was da ist, wenn zwei Menschen mehr erkennen als das, was das äußere Verhalten des Augenblicks freigibt, ist mit den Kategorien des Denkens allein nicht zu fassen. Dass das Herz seine Gründe hat, die der Verstand nicht versteht, heißt, dass unser Kontakt zu anderen weiter geht, als rational nachvollziehbar ist. Dieser Blick mit dem Herzen ist es, der uns über den eigenen Schatten springen lässt. Er lässt die Möglichkeit offen, dass man beispielsweise einem aggressiven Kollegen wohlwollend Beachtung schenkt und nicht mit gleicher Münze zurückzahlt, weil man ahnt, dass sein Verhalten nichts mit einem selbst zu tun hat. Oder dass man so zuhört, wie dieses kleine Mädchen in Michael Endes „Momo", dass „... dummen Leuten plötzlich sehr gescheite Gedanken kommen ... dass rastlose und unentschlossene Leute auf einmal ganz genau wissen, was sie wollen. Oder dass Schüchterne sich plötzlich frei und mutig fühlen." So konnte Momo andere sehen, weil sie mit dem Herzen gesehen hat!

Es ist sozusagen der Kreislauf des Herzens: Ich zeige Interesse und erhalte Aufmerksamkeit. Ich gebe Wertschätzung und werde mit Anerkennung belohnt. Ich liebe und werde gewärmt. Mit wachsender Reife lernen wir, was unsere Seele nährt, und wir erkennen früher, was ihr nicht bekommt. Wir erkennen, dass wir uns nicht darauf verlassen können, dass andere uns Aufmerksamkeit schenken, wenn wir nicht selbst auch aktiv werden und sie bewusst suchen. Und wir begreifen mit der Zeit, dass unsere Sinne durch nichts so geschärft werden wie durch einen großzügigen Vorschuss an wohlwollender Beachtung. Ein Sprichwort drückt den sozialen Mehrwert freigiebiger Beachtung aus: „Freude und Liebe sind die einzigen Güter, die sich dadurch vermehren, dass man sie teilt."

Das Herz am rechten Fleck hat, wer sich das andere Ergehen entschieden etwas angehen lässt. Wem sein eigenes Leben am Herzen liegt, kommt gar nicht umhin, sich das Ergehen der anderen ebenfalls ans Herz gehen zu lassen. Wer Vertrauen und Großzügigkeit erweist, zieht dieses Verhalten auch von anderen an. Großzügigkeit ist eine Eigenschaft, die nicht Angst hat, sich zu verlieren, die nicht rechnet oder feilscht, sondern einfach gibt – im Wissen, dass es Werte gibt, in denen man nur gemeinsam bewandert sein kann. Wo Vertrauensgewinn und Vertrauensverlust eine Rolle spielen, wirkt immer auch die Magie sich selbst erfüllender Annahmen. Sie hängen ab von unserer Deutung, die wir dem Verhalten anderer geben, und den Erfahrungen, die wir aufgrund dieser Deutungen machen. Selten gibt es nur eine schlüssige Interpretation. Meist haben wir einen Spielraum offen, der das Verhältnis zu anderen in vielen Varianten zum Ausdruck bringen kann.

Die Frage, wie wir das Verhalten anderer interpretieren, ist für den Beachtungsaustausch entscheidend. Es wohlwollend zu interpretieren, das heißt, mit einem gedanklichen und gefühlsmäßigen Beachtungsvorschuss in eine Begegnung hineinzugehen, ist die Grundlage wertschätzenden Zusammenlebens und Weichensteller für Lebensqualität. Dazu gehört nicht nur das Hinhören und Verstehen. Es kommt noch etwas hinzu, was man als neuen kategorischen Imperativ aufstellen könnte. Georg Franck hat ihn treffend formuliert: „Halte, wenn dir der andere unverständlich erscheint, nicht ihn, sondern erst einmal dich selbst für den Dümmeren."[11] Wer wohlwollendes Interpretieren zur eigenen Weltanschauung macht, weiß, dass es unendliche Möglichkeiten gibt, sich misszuverstehen, und dass es kein Recht gibt, das einem zusichert, immer richtig verstanden zu werden. Man braucht nicht mehr Wissen und Tun, Herz und Verstand zu trennen. Im Wohlwollen für den anderen, das seinen Sitz im Herzen hat, kommen sie zusammen. „Wer das Herz am rechten Fleck hat, ist den scharfen Rechnern in Sachen Selbstwertmaximierung voraus", so Franck.

Es ist zwar schwierig zu beschreiben, was mit Herz gemeint ist, doch wissen wir alle, was es bedeutet, wenn man von jemandem sagt, er sei herzlos. Was geschieht, wenn zwei Herzen sich treffen? Man öffnet sich. Herz haben heißt: ins Unverbrauchte, Unbewohnte, Offene kommen. Man wird weiter, leichter, weil man nichts zurückhält. Die eigene Befangenheit, Ohnmachtsgefühle, auch die Gefühle der Allmacht schwinden: man erkennt sein Leben und das Leben anderer unter einem menschlichen Maß. Man wird großzügiger. Dieses Herz ermuntert, sich ein Herz zu fassen, ein Herz zu haben für das Wesentliche: Familie, Freunde, Dinge. Das Herz, das wir füreinander haben, lehrt uns zu erkennen: Beachtungsspender, das sind wir füreinander.

Unsere schöpferische Fähigkeit der Einfühlung weist uns den Weg, wenn wir das Alltägliche tun, die Gesichter der Menschen sehen, mit denen wir leben. Das Herz äußert sich nicht nur durch wache Augen, wohlwollende Ohren, berührungsfreudige Hände, es führt über uns hinaus und äußert sich auch als Beherztheit, die die Trennung zwischen den eigenen und den Gefühlen des anderen in einen Raum der Verständigung verwandelt. Nicht zu vergessen das herzhafte Lachen und die herzhafte Mahlzeit als lebensspendende Brücken vor allem in Zeiten, wenn es an Herzlichkeit mangelt. Das Herz am rechten Fleck hat, wer das Belanglose erkennt als das, was es ist, der sich daran erinnert, dass etwa siebzig Prozent aller zwischenmenschli-

---

[11] Franck, G., Ökonomie der Aufmerksamkeit. München/Wien 1998, S. 236.

chen Konflikte Missverständnisse sind, und der kein Interesse an Streit hat.

Zu dieser Herzenshaltung gehört auch die Gabe des Vergessens. Wer gut leben will, muss vergessen können. Die großherzige Gabe, Vergangenes auf sich beruhen zu lassen, lässt über den eigenen Schatten springen. Es befreit von seelischen Fesseln und lässt den Sinn für das Wesentliche wieder aufscheinen. Wir dürfen, zumindest zeitweise, von höherer Warte auf uns herabschauen und abschütteln, was uns plagt.

Kinder, nach der Logik des Herzens befragt, sprechen auch von Liebe. Ein Mädchen beschrieb es so: „Erleben, wenn einen die anderen mögen, und deshalb sich selbst mögen. Wenn man sich selbst mag, dann kann man auch die anderen mögen." Diese einfache Gleichung fasst das Wesentliche: Wer Beachtung will, muss zuerst andere beachten.

Nicht ein Zuviel an Beachtung lässt unsere Beziehungen verlöschen, sondern ein Zuwenig. Solange man es ehrlich und ohne falsche Schmeichelei tut, kann man gar nicht zu viel des Guten tun.

Wer sich für Großzügigkeit entscheidet, der handelt in einem Bewusstsein, das über sich hinausweist. Er bringt die Freude am Kosmos und am anderen Menschen zum Blühen und vermittelt das Gefühl, dass die Welt ein für uns errichteter Kosmos ist. Dieses Wissen kann trösten in Zeiten des Scheiterns und des Alleinseins.

Sich einfühlen

Leicht geht uns der Satz von den Lippen: „Ich verstehe dich." Aber der Prozess, der wirklicher Einfühlung zugrunde liegt, ist vielschichtig. Es gibt Menschen, denen es leicht fällt, ihren Schalter nach Bedarf anzuknipsen: Ich höre dir zu, ich interessiere mich für dich. Aber ist dieses Verhalten schon Einfühlung? Oder wird hier Mitgefühl mit der umfassenderen Gabe Einfühlung verwechselt? Einfühlung ist mehr als spontanes Mitfühlen, das uns zu Tränen rührt angesichts der Misere eines Freundes. Da seine Gefühle uns an eigene Gefühle erinnern, können wir seine Traurigkeit, seine Verlassenheit oder Empörung nachfühlen. Unser besorgtes Interesse hilft, dass wir trösten, uns mitfreuen oder mitjammern.

Sich-Einfühlen geht über dieses gefühlsbetonte Sympathisieren hinaus. Es berücksichtigt den anderen. Der Ausdruck „Einfühlung" – welchem das aus dem Altgriechischen gebildete Kunstwort „Empathie" entspricht – umschreibt die Fähigkeit, die Erfahrungen eines anderen fühlend zu verstehen, zu erfassen, was in ihm vorgeht, und angemessen darauf zu reagieren. Gefühle brauchen Zeit, deswegen ist Einfühlung nie das Produkt eines schnellen „Aha". Sie erfordert eine besondere Haltung des „Hinspürens", „Einstimmens" und „Mitdenkens", die es ermöglicht, „in die engen oder weiten Schuhe eines anderen zu schlüpfen", und sie braucht Phantasie. Es geht um eine Einstellung, die vernehmend, hörend, empfangend ist, bevor sie antwortend und aktiv wird.

Andere können uns zwar unseren Selbstwert nicht garantieren, aber sie können mit ihrer Beachtung dennoch Berge versetzen, wenn sie uns mit ihrer Nähe ausfüllen, uns unsere Schwächen und Nöte vergessen lassen oder das Gefühl geben, dazuzugehören und dabei zu sein. So blüht aus einfachen Situationen plötzlich Glück auf: das Glück, mit dem wir uns wechselseitig zuhören, anschauen und berühren.

Erwachsene hören Kindern oft viel sorgfältiger zu als ihresgleichen. Sie geben ihnen Zeit, die richtigen Worte zu finden, versuchen zu verstehen, was sie meinen oder fühlen.

Die goldene Einfühlungsregel guten Zuhörens lautet: Nicht stören. Es ist unmöglich zuzuhören, wenn man, während der andere noch spricht, schon plant, was man als Nächstes sagen will. Wenn man jemanden unterbricht, lenkt man ihn ab, selbst wenn es nur ein kurzes Unterbrechen ist. Ich nenne dieses Phänomen den „Frosch-Effekt". Man stelle sich einen Frosch vor, der seinen Schlund riesenhaft weitet, um ein Insekt zu schnappen. So ähnlich erscheinen mir Unterbrecher, die nur auf den Moment warten, wo ihr Gegenüber Luft holt, um blitzschnell - und sei es in der Mitte eines Satzes - zuzuschnappen. Verbale wie auch nonverbale Unterbrechungen, wie Wegschauen, Aufstehen, Auf-die-Uhr-Schauen, Herumspielen lenken ab. Solchen Effekt haben auch die Floskeln „Das ist mir auch schon passiert" oder „Das kenne ich". Probleme, so ähnlich sie vielleicht auf den ersten Blick scheinen mögen, sind immer einmalig und vergleichbar mit den Fingerabdrücken eines Menschen. Wenn beispielsweise jemand seine Arbeit verliert, so erlebt das jeder auf seine Weise. Der eine hat Unterstützung oder finanzielle Ressourcen, ein anderer ist womöglich sogar erleichtert, und der Dritte erlebt es als die Lebenskatastrophe. Wie oft sagen Menschen: „Ich weiß, was du fühlst." Aber möchten wir in einer Situation, in der wir in Not sind, wirklich wissen, was die Freundin oder der Freund in einer ähnlichen Situation gesagt oder getan hätte?

Der Eckpfeiler wahrer Beachtung liegt darin, dass wir anderen das Gefühl geben: Ich habe Zeit und Interesse für dich. Meist ist kein konkreter Rat gefragt, sondern nur ein offenes Ohr und ein mitfühlendes Herz.

Kürzlich rief mich eine Freundin an und klagte ihr Leid. Schließlich fragte sie mich, wie es mir ginge. Als ich ihr vermittelte, dass ich darüber später reden möchte, hörte ich einen tiefen Seufzer der Erleichterung. Sie wollte eigentlich nur prüfen, ob ich wirklich an ihr interessiert war. Aktives Zuhören heißt erkennen, was der andere wirklich mitteilen will. Das heißt, ich muss mich auf ihn einstellen, und das geschieht am besten von Angesicht zu Angesicht. Ein Beispiel dafür, wie einfühlsames Zuhören Hoffnungslosigkeit auffangen kann:

Er: „Was ist das nur, am Morgen wache ich immer mit bleischweren Gefühlen auf."
Sie: „Du siehst wirklich mitgenommen aus."
Er: „Es ist mehr als nur Schwere ... es ist diese furchtbare Hoffnungslosigkeit."
Sie „Hoffnungslosigkeit?"
Er: „Ich fühle mich so unnütz. Keiner braucht mich mehr. Warum soll ich mich überhaupt noch bemühen?"
Sie: „Ich glaube, ich verstehe, was du meinst." Sie stockt und fährt fort: „Hast du eine Idee, wofür du dich einsetzen könntest?"
Er: „Ich würde so gern mal wieder einen Abend organisieren für unseren Verein – es hat immer so Spaß gemacht."

Das ist ein Beispiel, wie zwei Menschen gemeinsam versuchen, mit Gefühlen der Hoffnungslosigkeit umzugehen. Kein rascher Trost, kein Zupflastern, sondern Anteilnahme und Ernstnehmen der Gefühle, das sind die Ingredienzien dieses Dialogs, der zeigt, dass man auch eine Menge über sich selbst lernen kann, wenn man wirklich zuhört. In dem Maße, wie man nämlich anderen zuhört, hören auch sie einem zu.

Aktives Zuhören übt sich am leichtesten im direkten Kontakt. Selbst am Telefon gehen viele Nuancen der Stimme und des Ausdrucks verloren und bleiben unbemerkt. Achtsames Eingehen auf jemanden braucht den Einsatz all unserer Sinne, nicht nur Hören und Sehen, sondern auch Fühlen und Riechen. Und umgekehrt: Nicht richtig hinhören verletzt immer auch in subtiler oder grober Weise die Integrität des anderen, denn letztlich bedeutet es: „Was du sagst, interessiert mich nicht." „Du bist nicht von Interesse." Und das schmerzt das Selbstwertgefühl.

Jedes Gespräch lebt davon, dass wir einander anschauen, Rückmeldung und Bestätigung geben. Aber wir können einander auch im wahrsten Sinne „verhungern“ lassen, indem wir diese Rückmeldung verweigern. Dann hört man Sätze wie „Findest du nicht auch?“ oder „Sag doch mal was!“ Das geschieht im Alltag immer wieder. Ein Indiz ist es auch, wenn Menschen beim Gespräch aneinander vorbeisehen oder mit anderen Dingen beschäftigt sind.

Wir alle brauchen immer wieder Rückmeldungen. So erzählte eine Frau, wie sie auf eine Bekannte trifft, von der sie schon seit langem „für Luft erklärt“ wurde. In einem Anfall beherzten Mutes stellte sie sie zur Rede: „Mittlerweile ist es ja unübersehbar, dass du immer wegschaust. Kannst du mir vielleicht verraten, was dein Grund ist?“ Überrumpelt von solcher Direktheit, konnte diese nur noch stammeln: „Weil du so schlank bist!“ Es sind oft Motive der Missgunst oder des Neides, die dazu führen, dass Menschen nicht mehr hinschauen können. Wer aber Menschen für sich einnehmen und sich selbst verstärken will, sollte sich auf den Charme großzügigen Austeilens verstehen. Es ist nicht nur gescheiter, sondern auch effizienter.

Vielen Menschen fällt es besonders schwer, andere zu berühren und herzliche Gefühle zu zeigen, und zwar sogar gegenüber denjenigen, die ihnen nahe stehen. Zwar kann man auch mit den Augen lächeln oder mit Worten streicheln, aber es geht nichts über das menschliche Herzensbedürfnis, berührt zu werden, das auch in kleinsten Portionen große Wirkung hat. Jede wohlwollende Berührung stärkt das Vertrauen darin, dass man beachtenswert ist, und zwar noch viel direkter, als es Worte vermögen. Durch den Körperkontakt wird man unmittelbar wahrnehmbar. Es heißt ja nicht umsonst „Der Körper lügt nicht“, weil durch den Körperkontakt etwas zwischen Menschen fließt, das mehr ist, als es Worte ausdrücken können. Berührung tut nicht nur denen gut, die sie empfangen, ebenso denen, die sie geben. Sie ist mehr als jenes „Ich sehe dich“; sie ist eine „Handreichung“, die aus dem Herzen kommt. Und dafür braucht man ein warmes Herz.

Beachtung ertragen können

Es erscheint paradox, dass Menschen einerseits fast alles tun, um Beachtung zu erhalten, andererseits sich aber davor fürchten und sie abwehren. Beachtung ist also nicht nur etwas Erfreuliches oder Interessantes. Sie ist auch etwas potentiell Beängstigendes, d.h. sie ist uns nicht geheuer und ruft ein Widerstreben hervor. Beachtung als Gefahr, diese Idee hängt mit Resten unserer instinkthaften Ausstattung zusammen. Wenn Beachtung nicht nur begehrt, sondern auch gefürchtet wird, dann hat das mit Schamgefühlen zu tun, die zu unserem Gefühlsrepertoire gehören. Offenbar gehört zu uns beides: zu begehren und dieses Begehren verstecken zu wollen. Ähnlich wie bei der Verliebtheit, die ja nicht nur als himmelsstürmend, sondern auch als beängstigend erlebt wird, weil man ahnt, dass man durch diese Gefühle aus seinen Sicherungen gerissen werden könnte.

Vieles spricht dafür, dass Schamgefühle natürlich sind und respektiert werden sollen. Wenn es also so etwas gäbe wie ein Gefäß mit dem Inhalt „Beachtung", dann wäre die Aufschrift „Vorsicht" durchaus angebracht. Es wäre widernatürlich, wenn man es einfach über alle und jeden ausschütten würde. Das Bedürfnis, Beachtung gewissermaßen zu dosieren, um nicht davon überwältigt zu werden, ist also eine ernst zu nehmende Schutzmaßnahme.

Es scheint, als hätten Menschen verschieden große Kapazitäten, Beachtung zu ertragen und auszuhalten. Überlegen Sie selbst: Wie lange halten Sie es aus, wenn Sie im Mittelpunkt stehen? Wie lange ist es Ihnen wohl dabei, wenn Sie vor einer Gruppe etwas von sich erzählen, ohne sich zu fragen, ob Sie zu viel Platz einnehmen? Können Sie es genießen, mitten durch einen Raum zu gehen, in dem viele Menschen stehen und auf Sie schauen?

Die Dosierung von Beachtung wird gesteuert von der vermittelnden Kraft des Ichs, das auf seine ihm eigene Art sagt: „Nein! Noch nicht! Nicht so!“ Diese Abwehr äußert sich meist still. So klagte eine junge Frau darüber, dass die anderen für sie „viel zu wichtig“ seien. Sobald sie merkte, dass sie Beachtung erhielt, wurde sie unsicher und verkrampft, weil sie die Augen der anderen meist als kritisch oder herabsetzend phantasierte. Es brauchte Zeit, bis sie realisierte, dass diese Phantasien in Wirklichkeit Projektionen ihrer eigenen selbstentwertenden Impulse waren. Und eine andere Frau meinte: „Das Wichtigste für mich ist, dass ich auf andere Eindruck mache. Das zwingt mich dazu, eine Fassade zu tragen. Ich kann gar nicht mehr natürlich sein, deswegen lehnen mich alle ab.“ Also wandte sich ihr Wunsch, zu beeindrucken, schon im Voraus gegen sie selbst.

Welch widersprüchliche Gefühle und Verhaltensweisen ausgelöst werden, wenn Menschen sich Beachtung ausgesetzt fühlen, zeigt sich auch an körperlichen Reaktionen. Sie hören nicht zu, schauen weg, ihnen verschwimmt die Sicht. Sie halten den Atem an, beißen die Zähne zusammen. Sie ziehen den Bauch ein, spannen die Gesäßmuskeln an. Sie werden schüchtern, gehen zur Seite. Sie machen Umwege und machen sich unattraktiv.

Besonders bedauerlich ist es, wenn Menschen tragfähige Beziehung torpedieren, weil sie kontinuierliche Beachtung nur mit vagen Zukunftsängsten beantworten können. Manche mögen diese Nähe nicht. Sie signalisieren: „Es wird mir zu viel, du kommst mir zu nahe.“ So verschanzte sich eine Frau immer dann, wenn sie die vertrauten Gefilde verließ, hinter irgendwelchen Büchern. Im Bus, im Zug, im Restaurant, im Wartesaal – überall las sie unaufhörlich, um sich „die Welt fernzuhalten“ und damit sie nicht sehen konnte, dass sie gesehen wird. Eine andere Variante beobachtete ich bei einer Frau, die immer wieder mit „Männerproblemen“ beschäftigt war. „Es ist, als würde sich mein Verstand verabschieden, wenn ich einen Mann kennen lerne. Ich werde verkrampft, völlig übersteigert und kann gar nicht mehr hinschauen, was für mich drin wäre … immer bin ich mit einem Fuß in der Tür oder viel zu aufdringlich, wenn ich merke, dass sich jemand für mich interessiert.“

Fast immer ist bei solchem Abwehrverhalten eine Fülle mehrdeutiger oder stummer Aussagen im Spiel, die eines gemeinsam haben: „Ich hätte so gern Beachtung, aber ... „ Oft verhindert solch ein innerer Konflikt, dass eine Beziehung entsteht, die sich weiterentwickeln kann.

Ein anderes Beispiel erlebte ich bei einer Frau, die besonders unter der Angst litt, öffentlich zu sprechen. Im Laufe einer Therapie erlebte sie eine grundlegende Umdeutung und Neuinterpretation ihres Verhaltens, mit dem Ergebnis, dass an die Stelle der Erwartungsangst positive Erregung und Vorfreude trat. Sie freut sich jetzt, wenn sie für Vorträge oder Seminare eingeladen wird, weil sie sich zeigen darf und genießen kann, wenn man ihr Aufmerksamkeit und Anerkennung zollt. Entscheidend war die Erkenntnis, dass in ihrer früheren Angst ein Wunsch verborgen war, den sie sich nur schwer eingestehen konnte: der Wunsch, gesehen und interessant gefunden zu werden.

Eine verwandte Spielart der Abwehr von Beachtung lautet: „Ich würde mich nie zur Schau stellen, ich würde mich nie in den Vordergrund drängen; ich bin zurückhaltend und bescheiden, ich brauche das alles nicht." Was auf diese Weise überkompensiert wird, ist oft ein heimlicher, gewöhnlich abgewehrter Wunsch nach Beachtung, der sich als Bescheidenheit ausgibt. Zu beobachten ist diese Reaktion oft bei Menschen, die es aushalten müssen, wie sich die begehrte Beachtung aus ihrem Leben allmählich zurückzieht, weil ihre Anziehungskraft nachgelassen hat oder weil sie gealtert sind. Das ist gewiss schwer auszuhalten. Aber dieser Verlust lässt sich nicht mit falschen Bescheidenheitsbekundungen bewältigen.

Das Entschwinden der Beachtung auszuhalten, ohne sie selbst zu verraten, das ist eine der Herausforderungen, die uns gestellt sind. Wer die Beachtung verschmäht oder abwehrt, weil sie ihn verschmäht hat, gleicht dem Fuchs in der berühmten Fabel, dem die Trauben plötzlich zu sauer sind, nur weil sie zu hoch hängen. Wer nicht an die ersehnte Beachtung kommt, befreit sich nicht, indem er sein Bedürfnis danach abwehrt, er betrügt sich allenfalls selbst.

Überlegen Sie selbst: Wie wehren Sie Ihren Wunsch nach Beachtung ab? Kam Ihnen die eine oder andere Methode bekannt vor? Oder denken Sie an jemanden, der eine dieser Methoden verkörpert? Solche Assoziationen sind durchaus bedeutsam, erleichtern sie doch die für die Aneignung neuer Verhaltensweisen wichtige Verbindung zwischen dem „Stoff" und der eigenen Lebensgeschichte.

Weniger ist mehr

Herr A. hatte schon neunzehn Selbsterfahrungsseminare auf der Suche nach seinem wahren Selbst hinter sich. Diese Exkursionen waren allesamt höchst interessant, aber wirkliche Veränderungen konnte er noch nicht feststellen. Langsam beschlich ihn die Angst, er könne sich verfehlen. Also studierte er die Eigenwerbung eines Motivationsseminars: „Positive Affirmationen, Anlegen von Ich-Aktien, Etappenziele feiern, Turbo-Übungen gegen Sorgen, Krisen als Chancen werten.“ Alles darf man verlieren, bloß nicht seine Lust auf Neues, dachte er und meldete sich an.

Diese kleine Geschichte ist exemplarisch für eine Zeiterscheinung, die unter verschiedenen Namen wie „Häppchenkultur“, „Therapietourismus“, „Seminar-Surfing“ Ausdruck der Suche nach Orientierung ist. Dieses Überangebot macht es schwer, sich zu entscheiden. Was ist wichtig für mich? Was könnte mich einen Schritt weiter bringen?

„In der Beschränkung zeigt sich der Meister.“ Dieses Sprichwort ist heute schwer umsetzbar geworden, weil wir alle täglich bombardiert werden mit Botschaften der Werbung, der Telespiele, der Fernsehserien, des Internet. All das prägt unseren Alltag so sehr, dass Lebendigkeit und Kreativität eigentlich da zu beginnen scheinen, wo man sich diesem Überangebot gerade verweigert.

In der Tat gibt es Menschen, die sich nur noch zappend ihrer Geräte bedienen. Fragt man sie, welcher Sendung sie wirklich Beachtung geschenkt haben, so wissen sie es nicht mehr. Vielleicht ein paar Häppchen Information hier oder eine Talkshow, ein paar Takte Musik dort. Das Einzige, was viele noch mobilisieren kann, ist die Angst, etwas zu versäumen. Wie der Strahl einer Gießkanne zerstreut sich die Beachtung auf alles und jedes. Alles wird gleich wichtig oder unwichtig, jedes gilt so viel wie das andere. Nichts gewinnt dabei an Tiefe oder Differenziertheit. Vielleicht kommt

„Zapping“ vom polnischen „zapzarap“, vermutet der Unternehmer Klaus Woltron. Dort heißt es so viel wie „stehlen“. Kann man sich selbst bestehlen? Tatsächlich kann man sich um das Wichtigste bringen, nämlich um die Selbstbeachtung, wenn man wegen allzu vieler Wünsche keinem mehr wirkliche Beachtung schenkt. Das kann einem sogar mit dem eigenen Leben geschehen, wenn man bei allem, was man entscheidet und tut, davon besessen ist, was man als Nächstes tun oder was man verpassen könnte.

Es ist zu bezweifeln, ob der, der möglichst viel „verschlingen“ will und nur noch in Begriffen der Jagd und des Besitzgenusses zu beschreiben ist, ein Experte in Sachen Beachtung werden kann. Wie für alles, dem wir Beachtung schenken, gibt es ein optimales Maß, jenseits dessen alles in sein Gegenteil umschlägt, wo nur noch gähnende Leere oder Überdruss bleibt. Der Preis solch selektiver Beachtung ist paradoxerweise das bewusste Wegsehen, die selektive Wahrnehmung, die vom Willen geführte Entscheidung, die sich auf bewusst gewählte Ausschnitte beschränkt. Vielleicht ist der, der sich auf das konzentriert, was er verarbeiten und verkraften kann, am Ende sogar reicher als jener andere, dem nichts entgeht. Das Glück, zu dem jene Beachtung verhilft, die sich zu beschränken weiß, lebt nicht von dem, was sie renommierträchtig nach außen vorzuzeigen hat, sondern von der stillen Befriedigung bewusster Entscheidungen, die zu einem passen.

Es gehört eine Portion Eigensinn dazu, an seinen eigenen Wünschen festzuhalten. Es braucht ein gewisses Maß an Unbeirrbarkeit, sich nicht unterkriegen zu lassen von den schnellen Erfüllungen, die an jeder Ecke lauern. Und es braucht Festigkeit, seine Wünsche nicht einfach freizugeben, sondern unerschütterlich an ihnen festzuhalten.

Es ist zu hoffen, dass Sie weiterhin ihre Wünsche und Phantasien in Bewegung halten, aber statt der Schnelligkeit der Erfüllung nur so viel nehmen und so viel geben, wie Sie auch verkraften können. Gibt es „Häppchen“, auf die Sie verzichten könnten? Programme, die Sie nur aus Gewohnheit sehen? Haben Sie den Mut, „Nein“ zu sagen, denn das hieße mehr Tiefe und Intensität in Ihrem Leben. Oder eben: Weniger ist mehr.

Die Botschaften des Körpers

Viele verstehen Kommunikation hauptsächlich verbal und vergessen dabei, dass wir uns keineswegs nur mit Wörtern verständigen. Sie brauchen bloß einem Menschen die Hand zu drücken, um etwas von seiner Persönlichkeit zu spüren. Ist der Händedruck fest, zupackend oder eher weich und lasch? Unser Körper drückt aus, was wir fühlen – und sogar direkter und unmittelbarer, als unsere Worte es vermögen. Deswegen lohnt es sich, auf die Sprache des Körpers zu achten, denn diese ist oft entscheidend. Mit unserem Körper kommunizieren wir: „Nimm mich wahr“, „Schau mich an“, „Hör mir zu“, „Geh mir aus dem Weg, aber flott!“, „Komm mir nicht zu nahe“, „Bleib mir fern“. Die gestische, mimische und körperliche Kommunikation begleitet jede wörtliche Mitteilung, kann sie verstärken, ergänzen, in Frage stellen oder auch zurücknehmen. Damit stellen wir den Empfänger vor eine schwierige Aufgabe. Wie soll er entscheiden, welche Botschaft er aufgreift oder ablehnt? Fachleute schätzen, dass 65 Prozent der menschlichen Kontakte nonverbal und nur 35 Prozent verbal, also über die Sprache, verlaufen. Ein Großteil unserer nonverbalen Kommunikation verläuft unbewusst, manches davon ist unbeabsichtigt, anderes wiederum gezielt eingesetzt, dennoch wird das meiste verstanden. Allerdings wäre es zu einfach, wenn man prinzipiell folgern würde: „Verschränkte Arme gleich Rückzug“, „Zur Seite schauen gleich lügen“. Jede Geste lässt mehrere Deutungen zu. Man muss sie im Zusammenhang mit dem individuellen Menschen und der Situation sehen. So kann die gleiche Geste einmal Langeweile, ein anderes Mal Ungeduld bedeuten. Es gibt keine allgemein gültigen Deutungen, die für jeden gelten. Wichtiger scheint die Frage: Welches Gefühl drückt sich in einer bestimmten Geste oder Haltung aus?

Wenn jemand sich schlecht fühlt, strahlt dies normalerweise auf die gesamte Körperhaltung aus. Freunde sehen es ihm an, sie hören es aus seinem Sprachklang, wie er sich fühlt. Und wenn uns jemand mit aufrechtem Gang entgegenkommt, so überträgt sich das ebenfalls. Wir assoziieren Selbstbewusstsein, Souveränität oder Aufrichtigkeit.

Im Unterschied zu unserem Mund kann unser Körper nicht schweigen. Körpersprache geschieht immer. Wir dürfen davon ausgehen, dass eine typische Kommunikation sehr viel mehr an Botschaften enthält als das Wort an sich. Der Schauspiellehrer Keith Johnstone hat sich mit einem zentralen Phänomen der Körpersprache befasst, das er als „Status“ bezeichnete. Er meinte damit nicht den sozialen Status, den jemand aufgrund seiner gesellschaftlichen Position innehat, sondern er versteht darunter das Phänomen, dass Menschen mit jedem Tonfall, jeder Bewegung und jeder Handlung etwas tun, um einen bestimmten Status zu vermitteln. Man verhält sich also niemals neutral. Schon einen einfachen Morgengruß kann der Direktor als herabsetzend empfinden, während der Angestellte ihn als Status-hebend erlebt. Die Botschaften werden vom Empfänger gedeutet und modifiziert. Ein Mensch im Hochstatus signalisiert: „Komm mir nicht zu nahe.“ Er setzt Betonungen. Das schafft immer auch etwas Distanz zur Umwelt. Ein anderer im Tiefstatus vermittelt: „Bitte schone mich.“ In beiden Fällen sorgt der Status für die Art von Beachtung, die man für sich einzunehmen wünscht.

Johnstone beschreibt diese Status-Spiele anhand von drei Lehrern, die jeweils unterschiedlichen „Erfolg“ in ihrer Klasse hatten. Der eine, der keine Disziplin aufrechterhalten konnte. Ein anderer, der ein gnadenloses Regime führte und auf der Straße zielstrebig voranschritt, die Leute mit Blicken durchbohrend. Und ein dritter, der sehr beliebt war, nie strafte und dennoch die Disziplin aufrechterhielt. Er trieb Späße mit den Schülern und stellte auf unerklärliche Weise die Ruhe wieder her. Johnstone kam zum Schluss, dass der Lehrer mit den Disziplinschwierigkeiten einen Tief-Status einnahm: Er war nervös, machte viele unnötige Bewegungen und lief beim kleinsten Ärger rot an. Der Lehrer, vor dem die Schüler Angst hatten, war ein zwanghafter Hoch-Status-Typ. Und der Lehrer, vor dem die Schüler Achtung und Respekt hatten, hob und senkte seinen Status mit großem Geschick und müheloser Flexibilität. Wenn die Schüler ihren Spaß haben wollten, senkte er seinen Status, um ihn wieder anzuheben, wenn er Veränderungen bewirken wollte. Er wurde mit den unterschiedlichen Situationen fertig, weil er in der Lage war, seinen Status flexibel und der Situation angepasst zu verändern.

Sich innerlich aufrichten

Wie kann man mit seinem Körper eine positive Haltung vermitteln? Wir müssen wagen, uns zu zeigen und sichtbar zu machen. Statt klein und unscheinbar zu bleiben und wenig Raum einzunehmen, konzentrieren wir uns darauf, dass wir uns gut finden, wichtig sind und unseren Platz einnehmen. Wir richten uns erst einmal innerlich auf. Das führt automatisch dazu, dass wir auch unseren Körper intensiver und anders wahrnehmen und spüren, dass wir aufrecht im Leben stehen. Dies erfordert einen gewissen Mut, der bei manchen an einer Schamgrenze zu scheitern scheint, als müsste man sich dabei „outen“ und etwas offenbaren, das als intim empfunden wird.

Woher kommt diese Scheu? Oft hängt sie mit weit zurückliegenden Erziehungsvorschriften zusammen, die man schon als Kind vermittelt bekam. Man soll bescheiden, zurückhaltend sein, statt sich mit einer ungezogenen Körpersprache in den Vordergrund zu drängen. Wenn hier jedoch eigene Grenzen Schritt für Schritt erweitert werden, warten reiche Inspirationen. Vielleicht werden Sie Neid oder Bewunderung anziehen, wenn Sie mit aufrechter Haltung gehen, stehen oder sitzen. Aber es lohnt sich, diesen Weg einzuschlagen, denn er korrespondiert mit der inneren Haltung bzw. der Auf-richtig-keit. Und die Folge davon: Wer aufrecht durch das Leben geht, den übersieht man nicht mehr, weil er Respekt und Selbstvertrauen ausstrahlt.

Da im Körper alle Bewegungen vernetzt sind, also auch seelische und geistige mit den körperlichen, kann man selbst Zustände herbeizaubern, die jener inneren Haltung von Souveränität und Selbstvertrauen entsprechen. Man kann zunächst einmal so tun „als ob“ und sich in einen selbstbewussten, energievollen Zustand versetzen, indem man die Haltung sozusagen schauspielerisch einnimmt und die Bewegungen ausführt, die diesen selbstsicheren körperlichen Zustand ausdrücken. Also beispielsweise durch eine Kopfhaltung, die Sicherheit und Beherrschung signalisiert („als würde der Kopf hinten an den Haaren nach oben gezogen“) oder durch einen federnden, bestimmten Gang. Das mag zunächst aufgesetzt wirken, aber man wächst durch dieses „als ob“ in diesen Zustand hinein, zumindest begünstigt man ihn oder lockt ihn an.

Das Wort „Haltung“ hat eine Doppelbedeutung: Ich kann mittels einer äußeren Haltung eine innere Haltung unterstützen und umgekehrt. Meine innere Haltung drückt sich in der äußeren Haltung aus.

Wir müssen also üben, uns innerlich aufzurichten. Es ist sehr wohl lernbar, sich eine geistige Einstellung anzueignen, die zu einer aufrechten, sicheren Haltung führt. Was wir über uns denken, das drückt der Körper aus. Die innere Einstellung ist entscheidend. Wird sie selbstbewusster und mutiger, so verändert sich allmählich auch die äußere Haltung.

Besondere Bedeutung für unsere Körpersprache haben unsere Hände. Mit ihnen greifen und begreifen wir unsere Umwelt. Mit ihnen nehmen wir unser Leben in die Hand. Mit ihnen handeln und behandeln wir. Hände verraten uns. Sie offenbaren unser Innenleben weit mehr als etwa das Auge oder das Wort. Man braucht nur zu beobachten, wie verschieden die Hände sich bewegen, wenn sie ein Streichholz anzünden, Geld zählen oder sich zur Andacht falten. Jedes Händepaar hat seine eigene Art des Zufassens. Diese Eigenart verrät den Menschen, offenbart sein Innenleben, denn die Bewegungen der Hände werden vom Ich gesteuert.

Oft wissen wir nicht, wohin mit unseren Händen. Mal stecken wir sie in die Tasche, mal tun wir sie auf den Rücken, mal verschränken wir die Arme, statt sie einfach hängen zu lassen. Aber dazu haben wir oft nicht den Mut.

Wenn wir jemanden begrüßen oder ihn bitten, Platz zu nehmen, öffnen wir unsere Hände. Dies ist eine archaische Geste, mit der wir sagen: Ich trage keine Waffe, ich bin dir wohlgesonnen. Die offene Hand wirkt freundlich und einladend. Je mehr offene

Handbewegungen Sie in Ihre Kommunikation einbauen, umso eher ziehen Sie Vertrauen und Sympathie an. Es bewährt sich, wenn man sich immer darauf besinnt, dass offene Hände die eigene positive Wirkung auf andere unterstützen und verstärken. Man wirkt anziehender und sympathischer, wenn man immer wieder Gesten mit offenen Handflächen einbringt.

Das heißt nun nicht, dass man sich Gesten antrainieren soll. Es genügt zu wissen, dass offene, vertrauenserweckende Gesten nicht nur einen selbst öffnen, sondern auch das Gegenüber. Am natürlichsten wirkt man, wenn man nicht bewusst an seine Gesten denkt. Die Gesten, die sich von selbst ergeben und von innen kommen, die sind immer stimmig. Sie entwickeln sich nämlich aus der eigenen Körperlichkeit und aus der eigenen inneren Einstellung und drücken die innere Bewegtheit aus.

Raum einnehmen

Auch sprachliche Nuancen können dazu dienen, sich Raum und Beachtung zu verschaffen. Manche Menschen verschaffen sich Geltung beispielsweise durch ein langgezogenes „Äh", das bedeutet: „Unterbrich mich nicht, auch wenn ich noch nicht weiß, was ich sagen will." Wohingegen ein kurz dauerndes „Äh" eher unsicher und hilflos wirkt und zum Unterbrechen einlädt. In der Arbeit mit seinen Studenten fand der Schauspiellehrer Johnstone ein wirksames Mittel im Beachtungsaustausch heraus: Beim Sprechen hält er den Kopf still. Dies verändert nicht nur die Art und Weise, wie man sich selbst empfindet, sondern auch, wie man auf andere Menschen wirkt. Wenn man beim Sprechen den Kopf stillhält, macht man automatisch viele andere Dinge, die ebenfalls zum Hochstatus gehören. Man spricht in ganzen Sätzen, hält den Blickkontakt, bewegt sich gleichmäßiger und beansprucht mehr „Raum". Es ist so, als ob man mit nach innen gewendeten Füßen spricht. Man nimmt nicht nur weniger Raum ein, sondern wird wahrscheinlich auch eher kurzatmig wirken oder die Sätze mit einem zögerlichen „Äh" beginnen. Dies zeigt: Auch scheinbar nicht zusammenhängende Verhaltensweisen beeinflussen sich gegenseitig. Deswegen ist das, was gesprochen wird, oft weniger wichtig als der Status, der vermittelt wird.

Es geht aber nicht nur um den Status, den Menschen annehmen, wenn sie zusammenkommen, sondern auch um die Tatsache, dass wir alle einen bestimmten Raum einnehmen wollen. Diesen Raum tragen wir sozusagen mit uns herum und breiten ihn aus oder ziehen ihn zusammen, je nachdem wie wohl und sicher wir uns fühlen. Die Faustregel heißt: Wenn Menschen sich wohl fühlen, dann weiten sie ihren Raum; fühlen sie sich unwohl oder unsicher, dann engen sie ihren Raum ein. Bei Vorträgen vor Publikum kann man das sehr deutlich beobachten. Am Anfang, wenn die Leute noch nicht wissen, was sie erwartet, kann man eng geschlossene Beine, verschränkte Arme beobachten. Gelingt es dem Redner, die Hörer „zu schmelzen“, dann öffnen sich zusehends Hände, Arme und Beine. Die Hörer entspannen sich und es wirkt, als würde jeder mehr Raum einnehmen, was sich auch auf den Redner überträgt, der nun seinerseits gelassener wird. Wenn Menschen ihren Raum ganz einnehmen, statt sich klein zu machen, dann kann ihre Strahlkraft ungehindert fließen.

Menschen markieren ihre Räume, grenzen sie ab und reagieren recht verschieden darauf, wenn dieser individuelle Raum nicht beachtet wird. Menschen verteidigen ihr „Revier“. Man kann es selbst ausprobieren, wie diese „Reviertänze“ ablaufen. Verabreden Sie sich mit jemandem in einem Café und versuchen Sie einmal Folgendes: Rücken Sie Ihre Tasse immer mehr in die Nähe der Tischhälfte Ihres Gegenübers. Sie können auch andere Gegenstände wie Kerzen oder Blumenvasen in seine Nähe rücken und sich selbst ebenfalls in Richtung Ihres Gegenübers lehnen. Sie werden erstaunt sein, wie ihr Gegenüber in kürzester Zeit unruhig und verwirrt wird, weil Sie in sein Revier eingedrungen sind. Das Eindringen in den Raum des anderen bringt ihn instinktiv in die Verteidigungsstellung. Es gibt nämlich so etwas wie ein unbewusstes Abstecken und Aufteilen des Reviers – in diesem Fall des Tisches, den man, wenn man höflich ist, teilt. Wird dieses Abstecken nicht beachtet, so reagiert der andere, indem er seinen Bereich verteidigt und zum Gegenzug ausholt.

Wenn Menschen von ihren „Plätzen“ sprechen, beispielsweise auf einer Parkbank, im Zug, im Flugzeug, in der Wohnung, bei Versammlungen oder Einladungen, so handelt es sich dabei immer um ein Bedürfnis nach dem Raum, den man sein Eigen nennen kann. Es ist davon auszugehen, dass es sich hier um ein angeborenes Verhalten handelt, das in engem Zusammenhang mit dem Wunsch nach Wahrgenommen- und Bemerktwerden steht. Hunde setzen ihre Duftmarken. Frauen benutzen manchmal ihre Handtaschen, schwarz, eckig, stabil und eigentlich zu groß für Lippenstift und Geldbeutel. Man braucht bloß öffentliche Verkehrsmittel zu benutzen, um zu beobachten, wie sie die Taschen im Kampf um ein paar Zentimeter Bein- oder Kniefreiheit einsetzen. Sie setzen Grenzen. Bei Männern beobachte ich andere Muster: In der Regel gehen sie viel unbefangener mit ihren Raumbedürfnissen um, sie spreizen die Beine, breiten sich aus und setzen Schenkelkraft ein, um sich Raum zu verschaffen. Manchmal scheint es, als seien die männlichen Empfindungen im Knie nicht so ausgeprägt. Hier verschafft sich der Körper Beachtung, indem er Grenzen überschreitet.

Jeder Mensch hat seine spezifischen Raumbedürfnisse. Er hat seinen „Körperraum", der nicht an der Oberfläche des Körpers endet. Man muss sich bloß mit geschlossenen Augen in die Dunkelheit begeben, und man spürt, wie es so etwas wie einen Raum bei geschlossenen Augen gibt. Nun gibt es Menschen, die bestimmte Bereiche ihres Körpers nicht empfinden können. In der therapeutischen Arbeit ist der Blick auf diese „unbewohnten" Bereiche einer der wichtigsten diagnostischen Wegweiser, die anzeigen, wo der Fluss der Lebendigkeit unterbrochen oder blockiert ist. Es gibt Menschen, die sozusagen keine Beine, keine Arme, keine Hände oder keinen Unterleib haben. Unbewohnte Körperbereiche, Narben oder vernachlässigte Stellen bedürfen der besonderen Beachtung, nicht nur, weil sie den Fluss des Ganzen unterbrechen, sondern weil sie grundsätzlich mehr Zuwendung brauchen.

Die Aufgabe besteht darin, diesen gefühllosen Bereichen zunächst einmal Beachtung zu verschaffen. Es geht darum, überhaupt zu merken und zu spüren, wo man sich abgeschnitten hat oder wie man bestimmte Bereiche vermeidet oder abwehrt. Der nächste Schritt führt zum Ertragen und Beleben dieser vernachlässigten Körperinseln durch Berührung und Atmung mit dem Ziel, sie mit der Zeit sogar genießen zu können. Eine Frau hierzu: „Ich habe meine Hände immer versteckt, weil ich sie unansehnlich fand wegen der Adern, die so stark hervortreten." Als ich einmal ihre Hände berührte, mit ihnen sprach und sie erzählen ließ, was diese Hände schon Gutes und Wohltuendes getan hatten, empfand sie plötzlich so etwas wie Mitgefühl und Rührung für ihre Hände, die „so viele Bilder gemalt, so viele Kinder gestreichelt, unzählige Kuchen gebacken und immer zugepackt haben, wenn es zu helfen galt". Am meisten beeindruckte mich an dieser Geschichte, dass ihre Unfähigkeit, sich warm zu fühlen, und ihre hohe Empfindlichkeit gegen Kälte sich allmählich wandelten. Ihre Wärmeregulation an der Körperoberfläche regulierte sich unmerklich – einfach durch die wohlwollende und mitfühlende Beachtung ihrer Hände, die immer mehr zu ihr gehörten. Ein denkwürdiger Tag war es, als sie mir plötzlich eine warme Hand zum Gruß entgegenstreckte.

Beachtung hängt auch von der Position im Raum ab. Sofaecken oder das Kopfende von Tischen bedeuten im allgemeinen Hochstatus, und man kann beobachten, dass Hochstatusgewinner sich dorthin setzen dürfen. Ein Rednerpult steht gewöhnlich vor einer Wand – vielleicht ein Relikt aus früheren Zeiten, wo man sich bei Gefahr in die Bäume hinaufretten musste. Man stelle sich einen Gehsteig vor, zwei Fremde gehen aufeinander zu. An einen Punkt wird einer der beiden zur Seite treten müssen, um vorbeizukommen. Nach Johnstone geschieht diese Entscheidung bereits fünfzig Meter vorher, weil beide einander nach Statussignalen absuchen. Wer die schwächere Position hat, wird wahrscheinlich ausweichen. Weichen beide aus, so besitzt jedoch derjenige, der an der Häuserwand entlanggeht, die stärkere Position. Häufig kommt es aber vor, dass beide meinen, sie seien in der stärkeren Position; also findet so etwas wie ein Ausweichtanz statt, bei dem beide unbewusst Status-Herausforderungen austauschen, während sie sich oft verlegen entschuldigen.

Man braucht bloß in ein Restaurant oder Café zu gehen, um zu beobachten, wie sich die Haltung aller Mitglieder einer Gruppe verändert, wenn einer neu hinzukommt oder weggeht. Oder wenn sich zwei unterhalten und einer von beiden weggeht, verändert der Zurückbleibende automatisch seine Haltung und sucht eine neue Raumbeziehung zu den Menschen im Raum.

Die Techniken, die unseren Beachtungsaustausch regulieren sollen, reflektieren unsere Persönlichkeit. Es gibt Menschen, die dazu neigen, andere von sich fernzuhalten; ihr Leben kreist vor allem um sich selbst. Sie wirken unnahbar und strahlen das Körpersignal aus: „Bitte nicht stören." In feinen Dosierungen sind solche Signale durchaus hilfreich, um den Alltag zu bewältigen. Wer aber vor lauter Distanz mit Signalen und Energien geizt, kontrolliert nicht nur den eigenen Körper, er beeinflusst und verengt auch die Körperregungen anderer, die sich dann in ihr Schneckenhaus zurückziehen. Andere wiederum signalisieren ständig: „Ich bin für alle da" oder „Komm mir näher". Sie führen eine eher extrovertierte Existenz, während introvertierte Menschen zwar den Raum mit anderen teilen, sie aber möglichst auf Distanz halten. Wo immer wir uns befinden, geben wir Platzierungssignale wie „Das ist mein Platz", was so viel heißt wie „Bleib hier weg" oder „Stör mich nicht". Hinter dem Schreibtisch im Büro vermitteln wir: „Bleib auf Distanz, ich möchte respektiert werden." Oben auf dem Rednerpult oder der Richterbank verkünden wir: „Ich stehe über euch und weiß mehr." Wenn wir in den Raum eines anderen eindringen, signalisieren wir: „Ich kann in deinen Raum eindringen, wenn ich will, weil ich überlegen bin."

Sich nicht mit den Ellenbogen nach vorne zu drängen kann eine rücksichtsvolle Geste sein, weil sie Souveränität und eine gewisse Sättigung an Beachtung symbolisiert. Man hat es nicht nötig, jedem Impuls unbedingt zu folgen. Man lässt anderen den Vortritt, man geht zur Seite. Wer sich derart verhält, ist schlichtweg ein „beachtungssatter" Mensch. Ihm schlägt Hochachtung und Sympathie entgegen.

Kleine Gesten – große Wirkung

Eine Klientin schenkte mir einen mit Erde gefüllten Blumentopf. Mit geheimnisvoller Stimme sagte sie: „Sie müssen ihn nur jeden Tag gießen, dann geschieht ein kleines Wunder." „Jeden Tag?", fragte ich ein wenig überrascht. Nach der nächsten Sitzung wollte ich wissen, wie lange ich denn noch durchhalten müsse, bis das Wunder endlich geschehe. „Sie werden schon merken", meinte sie etwas belustigt. Nichts geschah, ich wollte schon fast aufgeben. Vielleicht wollte sie mich ja einfach nur testen. Eines Sonntags ging ich ganz gegen meine Gewohnheit in meine Praxis. Was sah ich? Ein paar winzige grüne Blättchen hatten sich ihren Weg ans Licht gebahnt. Ich war verzaubert. So einfach kann das sein – jeden Tag ein bisschen Wasser und schon entsteht neues Leben. „Nein", meinte sie, „es ist mehr – es ist die tägliche Beachtung, die das Wunder bewirkt hat." Ihr verdanke ich eine wichtige Lektion über die lebensspendende Kraft kleiner Gesten.

Auch wenn es so aussieht, als würden viele an einem Mangel an Beachtung leiden und wären deswegen unsicher und wenig motiviert, weil sie sich nicht gesehen und fühlen, so stimmt aber auch, dass vielen die Sicht vernebelt ist für das, was sie tagtäglich an Beachtung empfangen. Ein jugendlicher Patient malte mir ein Bild hierzu: Schlangen von Autos auf der Autobahn, die alle voll beladen waren, deren Fahrer, ohne rechts und links zu schauen, immer weiter fuhren. Dieser Junge hatte intuitiv erfasst, wie vollgepackt das Leben so vieler ist, so dass weder Zeit noch Aufmerksamkeit bleibt für die wache Wahrnehmung der Gesten, Botschaften und Signale von außen. „Die sollten ihre Autos nicht so voll packen, damit sie bessere Sicht haben..." und „... die sollten öfter mal auf einem Parkplatz Halt machen". Das war seine kluge Empfehlung zur Schulung der Wahrnehmungsfähigkeit.

Vielleicht müssen wir die Beachtung als jene geheimnisvolle

Kraft sehen lernen, die – im Kleinen wie auch im Großen – „die Welt bewegt" und ein Stück unverzichtbare Orientierungsgewissheit in unübersichtlichen Zeiten gibt. Große Botschaften müssen nicht spektakulär sein. Sie kommen in kleinen Päckchen. Manchmal genügt das Zurückgeben eines stehen gelassenen Schirms oder einer verloren gegangenen Haarspange, um jemandem das Gefühl von Lebensvertrauen und Bedeutsamkeit wiederzugeben. Oder ein Satz zur müden Frau an der Kasse: „Sie werden auch froh sein, wenn endlich Feierabend ist!" Wenn sie dann sogar lächelt und sagt: „Sie haben recht, bald ist es überstanden", merkt man, wie wenig es oft braucht. Vielleicht war man einer unter Hunderten, der ein bisschen Menschlichkeit verbreitet hat. Und vielleicht macht solch ein Lächeln einen selbst sogar für einen Moment glücklich.

Beachtung, die uns anblickt und entgegenkommt, die wir sehen, hören und fühlen können, sagt uns immer unüberhörbar: Du gehörst dazu, du bist nicht allein, du bist Teil dieser Welt. Dass wir uns erkannt und gesehen fühlen, bedeutet, dass wir dazugehören und tiefer in das Leben involviert sind. Eine Frau, die heute als Bestattungsrednerin überaus geschätzt ist, beschreibt dies: „So ging es mir oft im Leben. Ich bin eine gute Rednerin geworden, nur weil man mich ermunterte und es mir zutraute. Ich wäre heute Landwirtin, wenn da nicht Menschen gewesen wären bei meiner ersten Bestattungsrede, die mir vermittelt hätten: ‚Mach weiter, du kannst das.' Dieser Satz war es, der meinem Leben eine neue Richtung gab." Und eine andere Frau meinte: „Ich habe eigentlich gar keinen Rat erwartet. Trotzdem bin ich so froh, dass Sie mir Ihre Zeit und Beachtung geschenkt haben. Jetzt sehe ich viel klarer. Es ist mir viel leichter ums Herz."

In einer Radiosendung wurde ein Mann interviewt, der auffallend heiter und gelassen wirkte. Der Moderator fragte ihn: „Wie schaffen Sie das, obwohl Sie doch einige Schicksalsschläge verkraften mussten?" „Ach, wissen Sie", meinte er, „jeden Abend, bevor ich ins Bett gehe, schreibe ich all die guten Augenblicke auf, die mir der Tag geschenkt hat. Seither weiß ich, wie reich ich bin. Ich entscheide jeden Tag, auf das Gute zu schauen. Deswegen bin ich mit mir in Frieden." Diese kleine Episode zeigt: Es liegt in unserer Hand, ob wir die vielen kleinen Gesten, die wir geschenkt bekommen, wahrnehmen und schätzen. Das heißt auch, es liegt an uns selbst, wie wir uns fühlen.

Es reicht aus, wenn Sie sich hin und wieder einmal fragen: Welche kleinen Gesten wurden mir heute geschenkt? Sie werden vielleicht überrascht sein, wie viele Geschenke ein Tag für Sie birgt. Wäre es nicht eine Idee, all diese Geschenke in einem „Glücksbuch" zu dokumentieren und am Ende des Jahres einmal zu prüfen, wie Ihr persönliches „Beachtungskonto" angewachsen ist?

Wer hat, dem wird gegeben

Ein interessantes Phänomen ist der so genannte Nimbus-Effekt. Dieser Effekt lässt sich in einem Satz zusammenfassen: Wer beachtet wird, dem fällt immer mehr Beachtung zu. Womit hängt das zusammen? Der Austausch von Beachtung hat eine öffentliche Schauseite. Es bleibt nicht verborgen, wer uns beachtet, wer um unsere Beachtung wirbt und um wessen Beachtung wir werben. Sobald wir Beachtung austauschen, sind also immer Dritte mit im Spiel, die registrieren, mit wem wir uns sehen lassen, einlassen und austauschen. So kommt es auch, dass wir eine natürliche Vorliebe für diejenigen haben, die unser Ansehen aufwerten. Das lässt sich auch bei Ehen beobachten, wenn die Attraktivität eines Ehepartners auf den anderen Partner abfärbt, der dadurch als interessanter und erfolgreicher gilt. Unser Ansehen und das Gesicht, das wir nach außen wahren wollen, hängen immer auch von diesen psychologischen Verstärkerwirkungen ab. Auch wenn sie unpersönlich sind, so treffen sie unsere Selbstwertschätzung doch im Kern. Das Ansehen einer Person ist ein anderer Ausdruck dafür, wie viel sozialer Kredit, wie viel Beachtung dieser Person eingeräumt wird. Jene Mechanismen sind es, die den Effekt „Wer hat, dem wird gegeben“ so wirkungsvoll machen.

Menschen wachsen in das hinein, was man ihnen zuschreibt, deswegen erhalten sie aufgrund der Chancen und Zuwendungen, die man ihnen gibt, auch ein vitaleres, reicheres Leben, so dass sie am Ende nicht nur beachtenswerter scheinen, sondern tatsächlich auch interessanter und belebender sind. Ich denke dabei an eine äußerst vitale und aktive Yogalehrerin, die mit weit über achtzig immer noch unterrichtete. Nach ihrem Geheimnis befragt, meinte sie: „Ich brenne so leidenschaftlich, weil ich unendlich viel zurückbekomme. Es ist die Liebe und die Verehrung, die mir die Kraft schenken, weiterzumachen.“

Kurzum: Wer immer wieder ins Positive gerückt und positiv gesehen wird, der setzt auch mehr positive Energien frei, weil er motiviert ist, sich den Idealisierungen anzunähern. Das Ergebnis: Der Beachtete entwickelt wirklich eine Vielzahl von Fähigkeiten und Fertigkeiten, die ihm von außen zugeschrieben werden, nach dem Motto: „So lasst mich scheinen, bis ich werde." Der viel Beachtete kann also leichter der werden, für den man ihn hält. Die viel belächelte rosarote Brille als Accessoire glücklicher Paare setzt ja ähnliche Prozesse in Gang: Die „vorgefärbten" Erwartungen neigen tatsächlich dazu, sich in der Realität zu bewahrheiten, und werden auf diese Weise konkrete Erfahrungen.

Beachtung färbt ab, weil man geneigt ist, in viel beachtete Menschen mehr hineinzulesen als in weniger beachtete. Solche Menschen erhalten eher attraktive Einladungen und Stellenangebote, man ist leichter geneigt, ihnen den Weg zu ebnen, ihnen Chancen einzuräumen und ihre Nähe zu suchen. Warum ist das so? Weil – und hier schließt sich der Kreis – es das eigene Ansehen vermehrt und das eigene Einkommen an Beachtung aufbessert, wenn man sich mit interessanten Menschen aufwerten und schmücken kann. Wenn man jenen Begünstigten mehr „Kredit" einräumt, so ist das eben auch kein Zufallsprodukt. Aufgrund ihres höheren Einkommens an Beachtung haben sie in der Tat auch mehr Optionen nicht nur auf dem Beziehungs- und Heirats-, sondern auch auf dem Arbeitsmarkt. Sie können Angebote eher aushandeln oder abschlagen, weil sich ihnen mehr Wahlmöglichkeiten erschließen, von denen andere oft nicht einmal zu träumen wagen.

Warum löst dieser Sachverhalt so viel Missgunst und Empörung aus? Wer so fragt, übersieht, wie vielschichtig und unmittelbar Beachtung in die vitalen Überlebensstrategien eingewoben ist. Nicht die Beachtung als gesellschaftliche Macht an sich ist das Problem, sondern unsere Hemmung, dies einzugestehen. Wer sich frei wähnt von Verführbarkeiten, sollte einmal seinen Haushalt, seine Bekannten und sozialen Aktivitäten näher betrachten – und zwar schon auf der Ebene der Restaurants, die man wählt, des Zahnarztes, der einem empfohlen wurde, der Kosmetikerin, des Klavierlehrers. Es fängt nicht erst bei den Stars und

Gurus an. Gäbe es nicht ein Konsum- und Beziehungsverhalten, das eindeutig mit dem Nimbus-Effekt der Beachtung rechnen würde, dann gäbe es weder die ordinäre Werbung noch die Klatschspalten, die Talk-Shows oder die Bestsellerlisten.

Vermutlich kennt jeder einen Menschen, der offensichtlich reich mit Beachtung gesegnet ist. Meistens sind es solche Menschen, die ein erfülltes Leben führen, die relativ unabhängig von der Meinung anderer Leute ihre Aufgaben und Ziele verfolgen, denen vermutlich wenig Zeit und Energie für direkte Bestätigungssuche bleibt. Insofern könnte man sagen, dass Hingabe an das Tun, Selbstvertrauen und Selbstzufriedenheit ein Privileg der Beachtungsreichen ist. Sie leben ihr Leben, wissen, was sie können oder auch nicht können. Sie geben vielleicht Auskunft über ihre Aktivitäten, aber sie brauchen nicht ständig Applaus oder gezieltes Aufsehen. Die Menschen, die viel Beachtung bekommen, sind offensichtlich die, die nicht ausschließlich absichtsvoll danach suchen und ihr ständig nachjagen. Das heißt nun nicht, dass man seine Absicht niemals zeigen sollte. Das ist durchaus erlaubt. Es geht wohl eher darum, dass man sein Interesse nicht ausschließlich darauf richten sollte. Denn wie heißt es so schön bei Goethe: „So fühlt man die Absicht, und man ist verstimmt."

Zum Schluss eine kleine Fabel, die diese Gedanken illustriert: Eine große Katze sah eine kleine Katze ihrem Schwanz nachjagen und fragte: „Warum jagst du deinem Schwanz so hinterher?" Das Kätzchen antwortete: „Ich habe gehört, dass das Glück das Beste für eine Katze ist und dass es in meinem Schwanz sitzt. Deshalb versuche ich, ihn zu erhaschen: Wenn ich ihn erwische, werde ich das Glück gefunden haben." Darauf sagte die alte Katze: „Mein Sohn, auch ich habe mich mit den Problemen des Universums beschäftigt. Auch ich habe gefunden, dass das Glück in meinem Schwanz sitzt. Allein, ich habe bemerkt, dass er mir immer wegläuft, wenn ich ihn fangen will; gehe ich jedoch meiner Wege, scheint er mir von allein hinterherzukommen, wo ich auch hingehe."[12]

[12] James, C. L., On Happiness. In: To see a world in a grain of sand. Norwalk 1972.

Beachtungsetikette

Natürlich ist Beachtung, Bestätigung und Bewunderung eine erfreuliche Sache. Trotzdem ist es wichtig, die begehrte Beachtung auch entbehren zu können. „Vergiss den Erfolg und die Erwartungen, wenn du schreiben willst, die Sucht nach Erfolg macht dich nur lächerlich", so lautete sinngemäß die Botschaft, die die Autorin Natalie Goldberg jungen Autoren mitgab.[13] Selbst wenn man felsenfest überzeugt ist, mit Ablehnung oder mangelnder Bestätigung umgehen zu können – der Beweis gelingt erst, wenn man sich in Situationen begibt, die mit Risiken von Auseinandersetzung oder Missbilligung verbunden sind.

Ein Beispiel dafür erzählte ein Arzt, der einen Vortrag zu halten hatte. Bei der anschließenden Diskussion geriet einer der Zuhörer wegen einer Nebensächlichkeit in eine regelrechte Tirade beleidigender Verachtung. Darauf gab der Arzt nichts weiter als ein schlichtes „In Ordnung" zur Antwort und widmete sich wieder den anderen Diskussionsteilnehmern. Durch die Nichtbeachtung dieser Ausfälligkeit machte er unmissverständlich klar, dass er nicht willens war, sich aus der Fassung bringen zu lassen und sich durch die Ansichten eines anderen stören zu lassen. Er blieb bei sich und der eigenen situativen Einschätzung, statt sich in einen womöglich fruchtlosen Austausch verwickeln zu lassen. Es gelang ihm, weil er mit sich selbst stimmig war. Dieses Beispiel zeigt auf ganz schlichte Weise, wie man Ablehnung und Manipulation ignorieren kann, indem man ihnen keine Beachtung schenkt. Der beste Schutz gegen Verachtung ist Selbstbeachtung. Wer bei sich bleiben kann, hat es nicht nötig, zurückzuschlagen. Beachtung hat nämlich auch mit Rücksicht und Eleganz zu tun. Beide Begriffe umfassen Bescheidenheit, Güte und das Einbeziehen des anderen. Sie scheinen nicht

---

[13] Goldberg, N., Wild mind. Living the writer's life. New York 1990.

nur abhängig zu sein von der Weise, wie wohlwollend wir uns selbst und die anderen sehen, sondern auch davon, wie wir mit empfangener Beachtung umgehen.

Georg Franck weist zu Recht darauf hin, dass es nicht genügt, Beachtung wie Geld zu scheffeln. Ähnlich wie beim Essen gibt es auch auf diesem Gebiet die Verfeinerung, den Geschmack, die Sinne und die Kunst der Selektivität. Es geht also darum, sich nicht wahllos von Angeboten der Beachtung stimulieren und verführen zu lassen. Viele Beziehungsabbrüche geschehen allein deswegen, weil sich plötzlich eine neue Quelle der Beachtung auftut. Die unruhige Gewohnheit, nach allem auszugreifen, was nach Bestätigung aussieht, seine Meinung und Vorlieben zu wechseln, aus Verpflichtungen, Loyalitäten und Freundschaften auszuwandern, hat nicht nur mit der Angst, zu kurz zu kommen, zu tun, sondern auch mit einer Unkenntnis der eigenen Person. Sobald man die Kriterien seiner Wahl, den Kompass bewussten Austauschs von Beachtung, nicht mehr in sich trägt, wird in der Tat alles, was den Reiz des Neuen trägt, gleichermaßen gültig.

Beachtung, die bewusst eingeladen, geschenkt oder empfangen wird, kann jedoch ein Stück Echtheit und Wahrhaftigkeit ins Leben bringen. Geben wir nicht immer auch ein Stück von uns selbst preis, wenn wir jeder Beachtungsverheißung nachjagen? Für die Bereitschaft, sich kritisch mit Beachtung auseinanderzusetzen, scheint ein Grundgefühl an Selbstsicherheit unabdinglich. Erst wenn ich weiß, was ich will, wofür oder wogegen ich stehe, kann ich aufrichtig und authentisch sein. Das kann bedeuten, dass ich auf manchen Beifall verzichte, weil mir kritische Anerkennung wichtiger ist als der schnelle Applaus. Gegen Eitelkeiten und Grobheiten hilft nur die Verfeinerung als Haltung. Verfeinerung kann dann auch heißen, mit jemandem vertraut zu sein und ihn deshalb Du zu nennen. Sie weiß aber auch die Beziehung zu anderen in verschiedenen Varianten zum Ausdruck zu bringen. Wenn sie stimmig ist, so hat sie stets ein kleines Stück Zärtlichkeit, ein Werben, ein Streichelangebot und mitunter auch Humor.

Arbeitet der Beachtungshungrige am Ausstaffieren seines Ego – oft unter größten Opfern und Selbstkasteiungen –, so zeichnet sich der Feinschmecker in Sachen Beachtung dadurch aus, dass er mit Sinn und Verstand wahrnimmt, erkennt und versteht. Es geht um Unterscheidungsfähigkeit. Die Grenze des Unterscheidens verläuft ja nicht nur zwischen Linseneintopf und Langustenschwänzen, sondern schlängelt sich in unsere Wohnungen, in den Bücherschrank, die Musik, die Menschen und Dinge, denen wir täglich Aufmerksamkeit schenken. Das „He du" oder „Ich sage immer, was ich denke", das einen Anspruch auf Vertraulichkeit ausdrückt, unterschreitet diese Grenze. Der Dankesbrief nach einem gelungenen Abendessen hält sie ein. Die Geste, die dem anderen beim Einsteigen hilft, die ihm die schwere Tasche ein Stück weit abnimmt, die ihm die Teetasse reicht, ist würdevoll, weil sie Rücksicht nimmt. Fragen wie „Wie viel Kilometer macht Ihr Porsche?", „Ist Ihr Kleid von Dior?", „Haben Sie immer noch kein Handy?" verraten einen Mangel an „Beachtungsetikette" und enthüllen Dürftigkeit.

Ein gelungenes Beispiel für gut gegebene Beachtung verdanke ich einer allein erziehenden Mutter von zwei kleinen Kindern, die ganztags berufstätig war und ein Riesenpensum zu bewältigen hatte, das sie oft an die Grenzen ihrer Belastbarkeit brachte. Morgens brachte sie ihre Kinder in eine Tagesstätte, und abends erwartete sie das ungewaschene Geschirr, die unaufgeräumte Wohnung, die ungebügelte Wäsche. Eines Tages hatte sie einen Handwerker bestellt, weil ihr Kühlschrank defekt war. Sie hinterließ ihm den Schlüssel zur Wohnung. Abends, als sie von der Arbeit heimkehrte, traute sie ihren Augen nicht. Zu ihrer Überraschung fand sie nicht nur einen reparierten Kühlschrank, sondern auch eine tadellos geputzte und aufgeräumte Küche. Auf dem Küchentisch fand sie einen Zettel, den ihr der Handwerker hinterlassen hatte: „Meine Mutter war auch eine allein erziehende Mutter. Ihr zu Ehren habe ich für Sie geputzt. Sie hat auch immer hart gearbeitet." Sie war fassungslos und zutiefst dankbar. Es war das erste Mal seit Monaten, dass sie das Gefühl hatte, gesehen worden zu sein.

Bei den Kwakiutl-Indianern in der kanadischen Provinz British Columbia existiert kein Wort für „Danke". Dennoch ist ihr Leben von außergewöhnlicher Großzügigkeit. Statt „Danke" zu sagen, geben sie jede Geste der Aufmerksamkeit mit einer vergleichbaren oder großherzigeren Geste zurück. Wie der erwähnte Handwerker „tun“ auch sie ihre Beachtung. Solches Tun hinterlässt Spuren in der Seele, an die man sich immer wieder erinnern wird.

Schluss

„Wenn durch einen Menschen nur ein wenig mehr Licht und Wahrheit in die Welt gekommen ist, dann hat sein Leben einen Sinn gehabt“ (Marion Gräfin Dönhoff).

Jeder Mensch hat sein ganz spezielles Licht. Dieses Licht ungetrübt durchscheinen zu lassen, so dass es die anderen sehen können, ist der Wunsch, den ich für Sie mit der Lektüre dieses Buches verbinde. Wenn Sie bis hierhin gelangt sind, dann kennen Sie sich recht gut aus, wie Sie Beachtung auf sich ziehen, schenken, aufnehmen und austauschen. Wird Ihnen dieses Wissen weiterhelfen?

Letztlich haben Sie alles, was Sie für einen gelungenen Austausch brauchen, bereits in sich angelegt. Beachtung ist eine Einladung, sich selbst besser kennen zu lernen. Und dies führt automatisch dazu, dass Sie andere besser wahrnehmen, erfassen und verstehen. Jeder Mensch ist fähig dazu, weil Sehen und Gesehen-Werden zu unserer Grundausstattung gehören.

Wenn ich mich selbst achte und an meine eigenen Kräfte glaube, werde ich auch für andere „ein freundlicher Ort“. Diese beiden Kraftfelder sind nicht voneinander zu trennen oder in ein psychologisches Nacheinander oder Schritt-für-Schritt aufzulösen. Sehen und Gesehen-Werden ist keine soziale Trockenübung, sondern eine wechselseitige Erfahrung, die uns in der Selbstachtung ebenso wie in der Achtung für andere fordert und fördert. Indem Sie sich selbst achten, werden Sie sich auch in andere einfühlen.

Da unsere Welt eine Arena ist, in der um Beachtung gekämpft wird, ist es schwierig, Beachtung unbefangen und neidlos willkommen zu heißen und sie großzügig zu verteilen. Die Tatsache, dass aber gerade diese Großzügigkeit heute angesagt ist, zeigt sich in der viel beklagten Misere, die mit den Begriffen „Herzlosigkeit“ und „Gleichgültigkeit“ immer wieder zur Sprache gebracht wird. Es ist also alles andere als zufällig, dass die Beachtung gerade in unserer Zeit so stark in den Vordergrund rückt. In der Beachtung endet die moralische Autonomie des Individuums. Denn ein Leben lang denken wir an den Lehrer, der uns durch seine geduldige Beachtung Ermutigung schenkte und dadurch den Weg ebnete, an den Brief eines Freundes, der uns vermittelt: „Ich erkenne dich!“, und an den Menschen, der einem eine Nische zur Verfügung stellt, in der man sich gesehen fühlt. Diese Gesten wirken nachhaltig, vermenschlichen die Welt und bringen Wärme und Herzlichkeit ins Alltagsgrau.

Beachtung führt uns in der Hinwendung zum anderen über uns selbst hinaus, sie bewirkt eine Weitung des Herzens und stärkt das Leben in uns und um uns. Manchmal werden wir gestärkt, weil andere unsere Beachtung brauchen und weil sie ihnen etwas bedeutet. Ein anderes Mal erleben wir, wie wir Beachtung geschenkt bekommen, einfach für das, was wir sind. Beachtung hat weit mehr damit zu tun, wer wir sind, als was wir wissen. Dazu gehören die eigenen Begrenzungen, die mein Mitgefühl für andere ermöglichen, die erlittenen Wunden, die mich für die Verletzungen anderer sensibilisieren, und die erfahrene Einsamkeit, die mich für die Einsamkeit anderer wach hält. Beachtung braucht die von Herzen kommenden Gesten, die zeigen: „Ich sehe dich.“ Erst sie stiften das, was jeder benötigt: Wertschätzung, Zugehörigkeit, Entgegenkommen und Fürsorge. Beachtung entscheidet über die Härte der Grenze zwischen mir und den anderen, über das Ausmaß meiner Ängste und die Wärme meiner Seele. Gewiss ist sie nicht das einzige Element für die Bildung von Gemeinschaft, aber sie ist notwendig für eine Gesellschaft, in der man ein Herz füreinander hat.

Natürlich kann das „Beachtungsthermometer“ unterschiedliche Temperaturen anzeigen. Doch die Beachtung selbst darf nicht erkalten, sonst sehen wir lieblosen Zeiten, „frierenden Seelen“ (P. Härtling) entgegen.

Und so lässt sich sagen, dass sich Descartes irrte, als er sagte: „Ich denke, also bin ich.“ Eigentlich müsste es heißen: „Ich werde gesehen, also bin ich.“ Was uns bewegt und in Bewegung hält, ist „sehen und gesehen werden“.

Einverstanden?

Literatur

Baumeister, R. F. / Leary, M. R., The Need to Belong: Desire for Interpersonal Attachments as a Fundamental Human Motivation. In: Psychological Bulletin 3/1995

Benjamin, J., Like Subjects, Love Subjects. Essays on Recognition and Sexual Difference. New Haven/London 1995

Berger, P. L., Einladung zur Soziologie. Zürich 1969 (engl. 1963)

Bowlby, J., Attachment and Loss. 3 Bde. London 1969, 1973, 1980

Buber, M., Ich und Du. Stuttgart 1995 (zuerst 1923)

Büntig, W., Beachtung – ein menschliches Grundbedürfnis. In: Zist. Programm 1996

Damasio, A. R., Descartes' Irrtum. Fühlen, Denken und das menschliche Gehirn. München 1997

Erikson, E. H., Childhood and Society. New York 1950

Ernst, C., Sind Säuglinge psychisch besonders verletzlich? – Argumente für eine hohe Umweltresistenz in der frühesten Kindheit. In: Petzold, H., Frühe Schädigungen – späte Folgen? Psychotherapie und Babyforschung, Bd. 1. Paderborn 1993

Fiske, S. T., Social Cognition. In: Tesser, A., Advanced Social Psychology. New York 1995

Franck, G., Ökonomie der Aufmerksamkeit. München/Wien 1998

Freud, S., Dichtung und Wahrheit. GW, Bd. XII

Goffman, E., Wir alle spielen Theater. München 1976

Goldberg, N., Wild Mind. Living the Writer's Life. New York 1990

Greenwald, A. G., Self-Knowledge and Self-Deception. In: Lockard, J. B. / Paulhus, D. (Hg.), Self-Deception: An Adaptive Mechanism. New York 1988

Hoffmann-Axthelm, D., Wenn Narziss Athena küsst. Über die Verachtung. Frankfurt a.M. 1998

James, C. L., On Happiness. In: To See a World in a Grain of Sand. Norwalk 1972

Johnstone, K., Improvisation und Theater. Berlin 1993 (engl.: Improvisation and the theatre. London 1979)
Laing, R. D., Das geteilte Selbst. Köln 1972
Laing, R. D., Das Selbst und die Anderen. Köln 1973
Langer, E., Self-Esteem vs. Self-Respect. In: Psychology Today, Dezember 1999
Lévinas, E., Die Spur des Anderen. Freiburg 1983
Lowen, A., Betrayal of the Body. New York 1969
Mead, G. H., Mind, Self and Society. Chicago 1934
Petzold, H., Integrative Therapie. Ausgewählte Werke, Bd. II, 2: Klinische Theorie. Paderborn 1991
Petzold, H., Mythen der Psychotherapie. Paderborn 1999
Petzold, H., Die Kraft liebevoller Blicke. Psychotherapie und Babyforschung, Bd. 2. Paderborn 1995
Reichlin, U., Verächtlich. In: Intra 11 (2000) (Nr. 44)
Remen, R. N., Dem Leben trauen. Geschichten, die gut tun. München 1997
Schmidbauer, W., Evolutionstheorie und Verhaltensforschung. Hamburg 1974
Schmidbauer, W., Jetzt haben, später zahlen. Hamburg 1995
Sennett, R., Narcissism and Modern Culture. In: Bd. 4, Oktober 1977
Shah, I., Wege des Lernens. München 1975
Spitz, R. A., Vom Säugling zum Kleinkind. Stuttgart 1972
Steele, C. M., The Psychology of Self-Affirmation: Sustaining the Integrity of the Self. In: Advances in Experimental Social Psychology 21 (1988)
Steele, C. M., Name Calling and Compliance. In: Journal of Personality and Social Psychology 31 (1975)
Tschirhart Sanford, L. / Donovan, M. E., Frauen und Selbstachtung. Ich bin ich, und ich bin o.k. München 1994
Wardetzki, B., Weiblicher Narzißmus. Der Hunger nach Anerkennung. München 1991
Weber, G. (Hg.), Zweierlei Glück. Die systemische Psychotherapie Bert Hellingers. Heidelberg 1995